FAMILLE

DE

BEAUCORPS

NOTES HISTORIQUES ET BIOGRAPHIQUES

PAR

CHARLES DE **BEAUCORPS**

Archiviste-paléographe

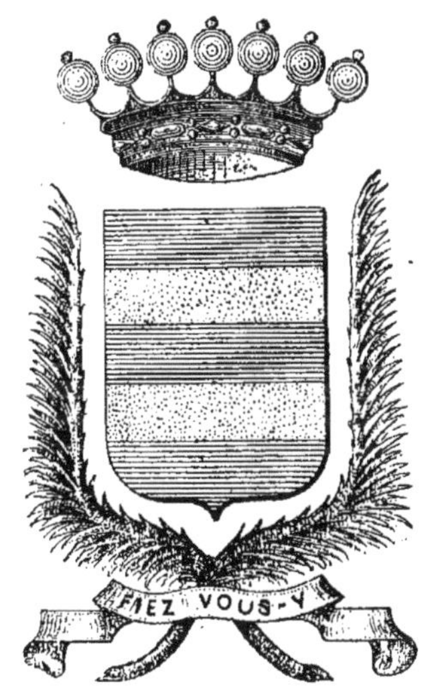

IMPRIMERIE PRUD'HOMME

12, RUE POULAIN-CORBION, SAINT-BRIEUC

1928

FAMILLE DE BEAUCORPS

Charles de Beaucorps a voulu mieux faire connaître leur lignée à la nombreuse descendance des Beaucorps. Il s'y est appliqué avec la méthode Chartiste et une persévérance méritoire. Ayant achevé son travail en décembre 1915, il disparaissait, le 9 mai 1926, sans avoir pu le publier. Les siens, en le faisant, ont tenu à rattacher spécialement son souvenir à l'histoire de leur famille, qu'il a renouvelée.

FAMILLE

DE

BEAUCORPS

NOTES HISTORIQUES ET BIOGRAPHIQUES

PAR

CHARLES DE **BEAUCORPS**

Archiviste-paléographe

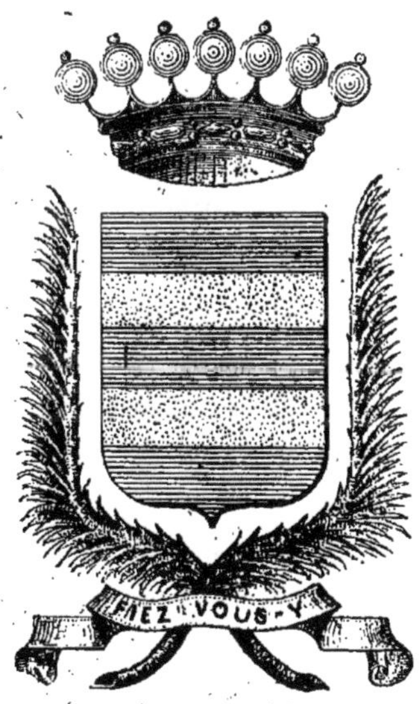

IMPRIMERIE PRUD'HOMME

12, RUE POULAIN-CORBION, SAINT-BRIEUC

1928

INTRODUCTION

Cette notice sur la famille de Beaucorps a pour objet de compléter et de rectifier, sur certains points, la généalogie publiée en 1891 par Beauchet-Filleau ; d'y ajouter des renseignements historiques sur les origines de la famille, les événements auxquels elle s'est trouvée mêlée ; de décrire les lieux qu'elle a habités ; enfin, pour la partie moderne principalement, de faire revivre, autant que faire se peut, la physionomie de nos ascendants et de retracer les principales phases de leur existence.

Le comte Jean de Beaucorps avait entrepris ce travail peu d'années avant la guerre ; il en avait rassemblé les matériaux et en avait commencé la rédaction. Emporté dans la tourmente, en pleine activité, il a ajouté, par son sacrifice volontaire, une page glorieuse à l'histoire qu'il voulait écrire, laissant à d'autres le soin de reprendre son œuvre sur une base plus large et avec des matériaux plus nombreux.

Sources. — Une première source est à consulter : les *papiers de famille*. Ceux-ci, conservés avec un soin jaloux, se transmettent de génération en génération, restant toujours, suivant un usage immémorial, à la garde de l'aîné, lequel en doit communication à tous ceux qui portent son nom. Malheureusement la Révolution a fait disparaître une quantité de ces archives privées si précieuses pour l'histoire de nos vieilles familles françaises, soit par suite de l'application d'une loi révolutionnaire exigeant, sous peine de mort, la livraison de tous les titres féodaux et leur « brûlement », soit par le pillage des châteaux abandonnés. D'autre part la saisie légale des biens des émigrés a fait passer un grand nombre de fonds de familles et de seigneuries dans nos dépôts publics d'archives où ils sont d'ailleurs conservés et classés avec soin.

Les titres de la branche aînée des Beaucorps se trouvaient probablement au moment de la Révolution au château de l'Isleau. Ils passèrent, à la mort de Guillaume-Charles, qui ne laissait pas de postérité, à sa sœur, Madame de Pommeroy, puis au fils aîné de celle-ci, le comte de Pommeroy, enfin à la fille aînée de ce dernier, la marquise de Saint-Léger. Désirant voir les représentants du nom rentrer en possession de ces papiers, le comte Bertrand de Reboul obtint, en 1923, de Madame de Saint-Léger, qu'ils lui fussent remis, et en fit don au vicomte Henry de Beaucorps.

Le rameau qui a perpétué jusqu'à nos jours les Beaucorps de l'Isleau ne devait naturellement posséder aucun document sur les générations précédentes. Toutefois une curieuse tradition s'est transmise jusqu'à nous, d'après laquelle Henri de Beaucorps, mécanicien principal de la marine, au moment de mourir à l'Hôpital de Brest, où on l'avait recueilli, au retour d'une campagne à Tahiti, aurait confié à un lieutenant de vaisseau de ses amis un parchemin remontant à Jean le Bon. Il y tenait beaucoup et le transportait dans ses croisières, afin de le remettre à ses enfants. Son fils Henri, qui avait alors 18 ans, ne connut ce détail que longtemps après, par le récit d'un officier présent aux derniers moments de son père, que le hasard lui fit rencontrer. Le dépositaire du document était mort et son fils déclara n'avoir entendu parler de rien (1). Que pouvait-il contenir ? Vraisemblablement il ne concernait pas les Beaucorps, mais plutôt quelque famille alliée.

Guillaume de Beaucorps de l'Épineuil possédait de nombreux documents sur ses ancêtres. Il les aurait, paraît-il, confiés à un généalogiste qui lui aurait rendu des copies au lieu des originaux ; on ne s'en serait aperçu que long-

____

(1) Communication de Mlle Antoinette de Beaucorps.

temps après. D'autres papiers, remis par Guillaume à son fils Jean-Jacques, auraient disparu pendant la Révolution. M. Ludovic de Beaucorps, décédé en 1923, possédait seulement quelques épaves des archives des Beaucorps de l'Épineuil. N'ayant qu'un fils marié et sans enfants, il prit le parti d'en faire don au comte de Beaucorps-Créquy, pour être conservées dans les archives du château de Saint-Denys.

Les Beaucorps de la Bastière possèdent, non seulement les titres anciens concernant leur branche, mais la plupart des documents antérieurs à la séparation des deux autres branches, qui auraient dû passer aux Beaucorps de l'Isleau ou de l'Épineuil. Peu de temps avant la Révolution, Pierre-Louis fit faire des recherches sur sa famille tant en Bretagne qu'en Dunois et en Saintonge ; il fit, en particulier, transcrire par M. Turquis, archiviste feudiste du comté de Dunois, un certain nombre de pièces du trésor des chartes du comté de Dunois concernant les Beaucorps. Les copies, jointes aux pièces originales qu'il possédait, servirent à établir une généalogie détaillée mentionnant les documents utilisés dont plusieurs paraissent être perdus.

Ces papiers de famille étaient sans doute conservés à la Bastière ou à Parençay, les deux dernières résidences des Beaucorps avant la Révolution, propriétés qui ne furent pas saisies, et dont les archives furent sauvées. Le comte Ferdinand de Beaucorps-Créquy, qui les détenait par droit d'aînesse, se décida, après la mort de son fils Raoul (1855), à s'en démettre en faveur de son neveu, le marquis Edouard. Celui-ci les fit classer avec soin au château de la Chesnaie et, en 1879, son fils Robert en fit dresser un inventaire authentique par M⁰ Chauvin, notaire à Blois. Ils ne quittèrent la Chesnaie que lors de la vente de la propriété par le marquis Pierre de Beaucorps (1917).

Au château de Saint-Denys, près Blois, sont conservés, avec les archives des Hurault, qui ont possédé cette terre depuis la fin du xive siècle, et celles des Milon et des Créquy, différents papiers concernant les Beaucorps-Créquy et ceux de Parençay. Le vicomte Henry de Beaucorps, le baron François de Beaucorps ont aussi des archives de famille, à Orléans et au château de Reuilly ; ce dernier possède en particulier des pièces relatives au vicomte Auguste de Beaucorps et à sa descendance qui lui furent remises en 1924 par le comte Bertrand de Reboul.

La conservation des titres avait, sous l'ancien régime, une grande importance pour prouver la noblesse, soit en vue des privilèges et exemptions dont les nobles bénéficiaient, soit en vue de l'admission à certaines charges de la cour pour lesquelles il fallait justifier d'une noblesse plus ou moins ancienne. Les procès-verbaux de production de titres mentionnant les pièces fournies ont souvent un grand intérêt, lorsque les pièces elles-mêmes ont disparu. Ainsi le procès-verbal des preuves fournies en 1790 pour faire admettre Charles et Auguste comme chevaliers de Malte constitue un document très important. Il était conservé dans les archives du prieuré d'Aquitaine. Elles furent livrées aux flammes en 1793, mais l'archiviste Ponthois réussit à en sauver quelques débris, parmi lesquels se trouvait la minute originale des preuves des deux Beaucorps. Leur frère, qui était principal du collège de Thouars, vendit cette pièce, en 1823, au Comte Charles de Beaucorps, secrétaire-général de la Préfecture des Deux-Sèvres.

Au *Cabinet des titres* de la Bibliothèque nationale sont conservés les dossiers des généalogistes du Roi, les d'Hozier, les Chérin. On y trouve des généalogies de famille établies sur les pièces originales produites à l'appui de revendications nobiliaires. Les dossiers bleus, les carrés d'Hozier, la collection Chérin, renferment des notes et des documents sur les Beaucorps qui ont été dépouillés par le vicomte Maxime et le baron Adalbert de Beaucorps en 1887.

Un généalogiste breton bien connu, *M. Bizeul,* a établi, vers 1850, d'après des renseignements fournis par un membre de la famille, une généalogie de la famille de Beaucorps qui est conservée à la bibliothèque de Nantes (fonds Bizeul, n° 54.777). Elle a été utilisée pour la généalogie publiée par Beauchet-Filleau en 1891.

Aux archives de famille, très incomplètes pour le XVe et le XVIe siècles, les collections des *dépôts publics* apportent un précieux appoint. Ainsi l'existence des Beaucorps dans le Dunois nous est connue principalement par les minutes des notaires centralisées aux archives d'Eure-et-Loir, ce qui permet de les consulter plus facilement que si elles étaient restées dans les études. Les notaires, sous l'ancien régime, étaient attachés aux sièges des juridictions. La plupart des actes concernant les Beaucorps sont passés à la Brosse, siège de la seigneurie de Nottainville, possédée par le comte de Dunois ; d'autres, à Varize qui en dépendait jusqu'en 1530, époque où elle fut érigée en fief avec droit de haute justice (2).

Pour l'histoire des familles du Dunois au XVIe siècle, les Mémoires de dom Guillaume Lainé, *prieur de Mondonville*, constituent une mine précieuse de renseignements. Ils forment un recueil de notes généalogiques, dont l'utilisation est malheureusement rendue très ardue par une écriture difficile à déchiffrer. Ces manuscrits (il y en a plusieurs volumes) sont conservés à la Bibliothèque nationale. Ils ont fourni de nombreux éléments à l'histoire des Beaucorps.

Les *correspondances* renferment souvent les indications les plus utiles sur les événements de famille et nous permettent d'entrer dans l'intimité de ceux qui nous ont précédés. Elles complètent et rectifient les traditions orales trop souvent imprécises et inexactes.

La marquise de Beaucorps, née Alexandrine de Beaucorps, qui vécut jusqu'à 97 ans, le comte Henry de Beaucorps et sa femme, née de Beaucorps-Créquy, qui moururent

(2) L'abbé BORDAS, *Histoire sommaire du Dunois*.

l'un et l'autre assez âgés, avaient entendu raconter bien des choses du passé, vu eux-mêmes se dérouler bien des événements, et connu bien des parents disparus avant eux. Leurs souvenirs de famille ont été recueillis.

Le marquis Robert de Beaucorps avait noté les récits de sa grand'mère Alexandrine qui avait une mémoire assez précise.

En 1888, le comte Henry de Beaucorps, âgé de 82 ans, cédant aux instances des siens, se décida à rédiger par écrit ses souvenirs sur son grand-père, sur la Révolution, et sur les membres de la famille qu'il avait connus. Malgré de nombreuses inexactitudes, son témoignage demeure précieux. Sa femme, qui lui survécut un certain nombre d'années, aimait elle aussi à évoquer les gens et les choses du passé. Dans sa dernière maladie, recevant la visite de son petit-neveu Jean de Beaucorps, alors qu'elle paraissait complètement affaissée, soudain elle s'anima et, pendant plus de trois heures, lui parla de tous ses chers souvenirs.

Le vicomte Octave de Beaucorps a laissé aussi d'intéressants récits ; mais ils concernent sa mère et l'existence mouvementée de celle-ci pendant la Révolution, en Angleterre et aux Antilles, plutôt que la famille de Beaucorps.

Bibliographie

Voici les principaux recueils généalogiques et biographiques qui renferment des notices sur la famille ou sur quelques-uns de ses membres.

Recueils généraux.

SAINT-ALLAIS, *Annuaire historique*, 1835, p. 498. (Généalogie très incomplète de la famille de Beaucorps.)

Marquis de MAGNY, *Le livre d'or de la noblesse*, Paris, 1846, t. III, p. 81 ; 2e série, t. II, p. 199.

Armorial de la noblesse de France par une société de généalogistes paléographes sous la direction de MM. d'Auriac et Acquier, 1857, registre II. (Notice sur la famille de Beaucorps rédigée par le comte Potier de Pommeroy, d'après les titres, et avec le concours d'autres membres de la famille.)

Ch. POPLIMONT, *La France héraldique*, Paris, 1870, t. I, p. 111.

Etat présent de la noblesse française publié sous la direction de
  M. Bachelin-Deflorenne, 1883.
Vicomte Henri FROTIER DE LA MESSELIÈRE, *Filiations bretonnes* (1650-
  1912), t. I (1912), p. 109.

Bretagne.

Pol de COURCY, *Nobiliaire et Armorial de Bretagne*, 1845 ; 2ᵉ éd., 1862,
  t. I, p. 42.
LEVOT, *Biographies bretonnes*, Vannes, 1852, t. I, p. 67. (Article sur
  Geoffroy de Beaucorps par M. Bizeul, de Blain.)
René KERVILER, *Répertoire général de bio-bibliographie bretonne*.

Saintonge.

LA MORINERIE, *La Noblesse de Saintonge et d'Aunis convoquée pour les
  Etats généraux de 1789*, Paris, 1861, p. 12 et 155.
BEAUCHET-FILLEAU, *Dictionnaire historique et généalogique des familles
  du Poitou*, 2ᵉ éd., (en cours de publication), t. I, p. 360 à 362.
  (Article sur la famille de Beaucorps établi d'après les recherches
  des éditeurs et les renseignements fournis par la famille. Une
  notice plus développée, composée par MM. Maxime et Adalbert de
  Beaucorps, a été tirée à part en 1891, en attendant qu'elle soit
  jointe en appendice au dictionnaire.) (3)
HAAG (Eugène et Emile), *La France protestante*, 2ᵉ éd., t. II, colonne
  12. (Article de M. de Richemont sur Jean et Antoine de Beaucorps
  et leur descendance.)

(3) Cette notice, fruit de longues et patientes recherches poursuivies, pendant plusieurs années (de 1886 à 1890), par MM. Maxime et Adalbert de Beaucorps, était destinée à prendre place dans le corps du volume ; mais, lorsqu'elle fut terminée (sept. 1890), le volume était déjà composé et mis en page ; il comprenait (page 360 à 362) une filiation assez sommaire et sans indication de sources. M. Maxime de Beaucorps offrit de faire faire à ses frais une réimpression de cet article en ajoutant au besoin deux pages supplémentaires. Cette proposition ne fut pas acceptée, et on décida de rejeter à la fin du volume, eu erratum, la notice détaillée revue et remaniée par MM. Beauchet-Filleau de concert avec M. Louis de la Rochebrochard. Elle n'a pas paru à la fin du premier volume et existe seulement, sous forme de tirage à part, fait pour la famille en 1891.

FAMILLE DE BEAUCORPS

Notes historiques et biographiques

CHAPITRE PREMIER

NOM, NOBLESSE, ARMES, TITRES
ET DISTINCTIONS

Le nom de Beaucorps.

Bien qu'il existe en Bretagne une terre appelée Beaucorps, anciennement possédée par la famille de ce nom, il est vraisemblable que celui-ci fut à l'origine un sobriquet justifié par des qualités physiques. Transmis héréditairement il devint un nom patronymique et la famille qui le portait l'appliqua aussi à la terre ou au fief possédé par elle. Le cas est assez rare ; le plus souvent la famille a pris le nom du fief qui a fini dans bien des cas par se substituer au nom patronymique, et ce n'est qu'exceptionnellement que la terre a pris le nom de ses possesseurs.

Le nom apparaît pour la première fois en 1066, parmi ceux des conquérants de l'Angleterre ; il s'est transmis dans ce pays avec des variantes, et en Bretagne jusqu'à la fin du xve siècle sous les formes *Beaucorps*, *Beaucors*, ou *Beaucours*, porté par différentes familles qui avaient probablement la même origine. Depuis 1450, en Dunois et en Saintonge, nous trouvons toujours *Beaucorps*.

Noblesse.

Les Beaucorps de Bretagne, en particulier celui qui prit part au combat des Trente, étaient qualifiés *écuyers*, titre donné à tous les nobles qui n'étaient pas chevaliers. A l'époque féodale le titre de chevalier était personnel et ne constituait pas une qualification nobiliaire ; il était décerné aux gentilshommes qui se distinguaient par leur bravoure ou leur valeur morale. Ce n'est qu'au xvᵉ siècle qu'il commença à devenir héréditaire et à désigner pour ainsi dire un degré de noblesse supérieur à celui d'écuyer. Cette transformation était générale au siècle suivant.

Guillaume de Beaucorps, qui vivait dans le Dunois vers 1450, portait également le titre d'écuyer et le transmit à ses descendants. Son petit-fils Jean et son arrière petit-fils Antoine sont qualifiés chevaliers. Cette dénomination sera reprise par Charles, sgr de Boisron vers 1650, et transmise à ses descendants.

On sait que la noblesse conférait certains privilèges fiscaux et des prérogatives honorifiques. Cela devait provoquer de nombreuses usurpations, et l'abus devint si général aux deux derniers siècles de la monarchie qu'il fallut procéder, à différentes reprises, à la recherche des faux nobles. Ces *réformations* étaient faites principalement dans un but fiscal, pour empêcher qu'on ne se mît à couvert des charges publiques au moyen de faux titres. Aussi en confia-t-on l'exécution au pouvoir administratif. Ceux qui se prétendaient nobles devaient produire leurs titres aux commissaires désignés à cet effet, et s'ils étaient reconnus valables, on leur délivrait des certificats qui devinrent par la suite pour les familles des titres précieux.

En *1666*, à l'instigation de Colbert, acharné à poursuivre tous les abus, le Roi prescrivit que tous les nobles ou soi-disant nobles eussent à justifier cette qualité par devant les *commissaires départis* ou représentants du Roi dans les provinces, qui plus tard prendront le nom d'intendants.

Les différents membres de la famille habitaient alors dans l'Election de Saint-Jean-d'Angély, comprise dans la généralité de Limoges, dont l'intendant était Henri d'Aguesseau, président au Grand Conseil. En vertu d'une ordonnance rendue par lui, Amaury de Beaucorps, éc., sieur de la Grange, Joachim, éc., sieur de Guillonville, Henri, éc., sieur des Crouillères, Charles, éc., et Louis éc., sieur de la Bastière, reçurent sommation d'avoir à présenter leurs titres au subdélégué de l'Intendant, ce qui fut fait le 5 novembre 1666. Nous avons l'inventaire des pièces produites dont la plus ancienne était un hommage rendu par Jean de Beaucorps pour le fief de Guillonville en 1548.

Un arrêt du Conseil du 19 mars 1667 avait décidé que ceux dont les ancêtres avaient porté les titres de chevalier et d'écuyer depuis 1560, avec possession de fiefs, emplois et services, et sans aucune trace de roture avant cette date, seraient réputés nobles de race et comme tels maintenus. Les titres des Beaucorps furent jugés valables puisqu'une ordonnance rendue par d'Aguesseau le *21 mai 1667* reconnaissait « l'immémoriale possession de leur noblesse suffisamment établie et prouvée », les déchargeant des assignations à eux données et les comprenant au catalogue des véritables gentilshommes (4).

En 1693, nouvelle production de titres, par Louis de Beaucorps, et nouvelle maintenue (5). *En 1698*, plusieurs membres de la famille firent encore une fois leurs preuves par devant l'intendant de la Rochelle et furent maintenus par ordonnance de 1699.

A partir du milieu du XVIIIe siècle d'autres membres de la famille eurent à prouver l'ancienneté de leur noblesse pour différentes charges à la Cour.

C'est d'abord Pierre-Louis, en 1758, qui, pour être admis au nombre des *écuyers du Roi*, doit faire ses preuves. Sur le vu des pièces produites, Louis-Pierre d'Hozier, juge d'armes du Roi, lui délivre un certificat attestant la noblesse de ses ascendants jusqu'au 7e degré, c'est-à-dire jusqu'à Jean de Beaucorps, marié en 1540 à Jeanne Le Mareschal.

En 1777, Guillaume de Beaucorps de l'Epineuil, voulant faire admettre son fils Jean-Jacques à l'*Ecole militaire*, remet à M. d'Hozier de Sérigny, juge d'armes de la noblesse de France, des titres remontant à Henri, marié en 1654 à Marie de Berthenet. Il obtint un certificat favorable.

En 1784 la branche aînée des Beaucorps eut à son tour à produire des titres pour faire admettre Guillaume-Charles, fils de Henri-Charles, aux *pages de Madame*. Nous possédons l'inventaire des pièces fournies. (Archives du comte de Beaucorps-Créquy.)

La dernière production des titres de famille, et la plus importante, eut pour objet l'admission dans l'ordre de *Saint-Jean-de-Jérusalem* des deux derniers fils de François de Beaucorps de la Bastière, Henri-Charles-Marie et Auguste-François. Ils avaient été reçus de minorité, âgés seulement de quelques années, le 8 mai 1779. Mais cette admission était subordonnée aux preuves de noblesse requises par les constitutions de l'ordre. Il fallait justifier 8 quartiers de noblesse, dont 4 du côté paternel et 4 du côté maternel ; on pouvait toutefois obtenir des dispenses pour la noblesse de quelques aïeules ou pour la mère du présenté, par bref du pape, avec l'agrément du Grand Maître (6).

C'est seulement le 17 juin 1789 que le chapitre du Grand

(4) Arch. du marquis de Beaucorps, et de la marquise de Saint-Léger.
(5) Arch. du marquis de Beaucorps.
(6) Louis de LA ROQUE, *Catalogue des chevaliers de Malte*, p. VIII-IX.

Prieuré d'Aquitaine désigna une commission de quatre chevaliers pour recevoir les preuves des deux frères de Beaucorps. Elle était composée des frères Jacques de Brémond, commandeur d'Aussigny, Henri de la Laurencie, commandeur du Temple d'Angers, Duchesne de Saint-Léger et de Villedon. Les deux premiers se rendirent le 26 mai 1790 au village de Parençay, paroisse de Bernay, pour procéder à leur enquête, conformément aux règles établies. Ils y reçurent les dépositions des deux témoins : François-Xavier de la Laurencie, chevalier de l'Effort, demeurant au logis noble de Serin, paroisse de Charentenay, et Henri-Jean-Jacques de Calais, chev., sgr de Favau, y demeurant, paroisse de Breuil-la-Réorte, en Aunis. Ils attestèrent que les maisons du Souchet, Frotier et Joubert, dont descendaient les postulants par leur mère, étaient de bonne et ancienne noblesse, que les blasons de leurs armes étaient tels que l'arbre généalogique les représentait ; ils donnèrent aussi des renseignements favorables sur les qualités personnelles des postulants. Les preuves testimoniales devaient être complétées par des preuves littérales attestant la noblesse tant paternelle que maternelle. A cet effet la veuve de François de Beaucorps avait remis, le 30 avril 1789, un mémorial de ses titres qui fut examiné par les deux commissaires et jugé suffisant, sauf toutefois pour Jeanne de Montalembert, bisaïeule maternelle, qui avait épousé en 1704 François-Alexandre de Joubert ; le bref du pape, confirmé le 1ᵉʳ juillet 1789 par le Grand Maître, y suppléa. Après que procès-verbal de preuves eût été dressé par MM. de Brémond et de la Laurencie, les titres furent rendus le 31 mai 1790 à Mᵐᵉ de Beaucorps. Enfin le procès-verbal fut soumis à l'examen des deux autres commissaires, les chevaliers de la Motte-Baracé (remplaçant M. de Villedon) et Duchesne de Saint-Léger, qui en firent un rapport favorable à l'assemblée du Grand Prieuré d'Aquitaine tenue à Poitiers le 16 juin 1790. L'admission fut alors prononcée.

L'Ordre de Malte ne devait plus avoir en France qu'une existence éphémère. La Révolution, qui marchait à grands pas, allait bientôt en décréter la suppression. Les chevaliers français se retirèrent à Malte. Après la prise de l'île par Bonaparte en 1798, qui les obligea à se disperser, ils se firent relever de leurs vœux en grand nombre. Charles et Auguste de Beaucorps prirent ce parti. Ils avaient droit, comme anciens chevaliers de Malte, à une pension, en vertu d'un arrêté du Premier Consul du 18 thermidor an XI ; elle paraît n'avoir été accordée que sous la Restauration. Ce gouvernement autorisa aussi le port d'un insigne spécial : la croix de Saint-Jean-de-Jérusalem qui fut octroyée à Auguste de Beaucorps en 1816 et à Charles en 1823.

Les armes.

Les armes ou armoiries sont des emblèmes conventionnels qui servent de signes distinctifs à des personnes, des familles, des corporations, etc. Elles étaient d'un usage général dans la noblesse, mais le fait de porter des armoiries n'était pas une preuve de noblesse (7).

Nous ignorons quelles étaient les armes des Beaucorps de Bretagne. Ceux du Dunois portaient, au moins depuis le xvi° siècle, un écusson à deux fasces. Nous en avons la preuve dans une note écrite vers 1620 par Henri de Beaucorps, lequel nous dit avoir vu, sur le devant de la cheminée d'une petite sallette du manoir de Pruneville, des armoiries sculptées dont il prit le dessin. A gauche un écusson parti (8) portant à dextre deux fasces et à senestre 6 annelets ou besants posés 3, 2 et 1 et un lion au milieu ; à droite un autre écusson également parti portant à dextre 3 croissants et à senestre deux fasces. Les deux fasces sont celles de Beaucorps et les armes accouplées celles de leurs alliances.

D'après Henri de Beaucorps les 6 annelets ou besants et le lion représentaient les armes des Le Mareschal de Chambins-Guise. Nous n'avons pu vérifier cette assertion. Quant aux 3 croissants, ils répondent aux armes des La Forest : d'azur à trois croissants d'or. Les deux écussons seraient ceux des deux frères Jean de Beaucorps et Jeanne Le Mareschal, son épouse : Louis de Beaucorps et Jeanne de La Forest, sa seconde femme. Ils auraient été sculptés entre 1540, date présumée du mariage de Jean de Beaucorps, et 1544, date présumée du décès de Jeanne de la Forest (9).

Sous Louis XIV, en 1698, on prescrivit à toute personne en communauté portant des armoiries de les déclarer, et de payer une taxe pour leur enregistrement. Cette mesure était prise dans un but fiscal, mais elle eut un résultat très intéressant, celui de constituer un recueil officiel des armes portées par toutes les familles de France, l'Armorial de d'Hozier. Louis de Beaucorps, éc., sgr de la Bastière, et Charles, sgr de Boisron, déclarèrent que

(7) A l'origine les armoiries étaient des marques militaires qui servaient à faire reconnaître la personnalité des combattants, masqués du heaume. Par la suite elles devinrent héréditaires et furent considérées comme les emblèmes des familles.

(8) C'est-à-dire partagé en deux par une ligne verticale, le côté dextre est à gauche de celui qui regarde l'écu et le côté senestre à droite.

(9) Lettre de M. de Prunelé, datée de Moléans, près Châteaudun, 4 sept. 1787, à Pierre-Louis de Beaucorps.

les armes de leur famille étaient : *d'azur à deux fasces d'or*. Elles furent enregistrées dans l'Armorial de la généalogie de la Rochelle en vertu d'une ordonnance du 13 avril 1700.

Le certificat délivré par d'Hozier de Sérigny, le 7 juin 1777, indique le même blason soutenu de deux palmes et surmonté d'une couronne de comte. La couronne correspondait au titre adopté depuis peu par plusieurs membres de la famille. Quant aux supports, ils étaient probablement de date assez récente puisqu'ils ne sont pas indiqués dans l'armorial de d'Hozier.

Les Beaucorps ont adopté pour *devise* ces trois mots : « *Fiez-vous-y* ». MM. Chassant et Tausin, dans leur *Dictionnaire des devises* (1878) l'attribuent aux Beaucorps de Bretagne. Or l'usage des devises ne remonte qu'au XVIe siècle, époque où la famille était déjà transplantée dans le Dunois.

M. E. de Boceret, dans son *Devisaire de Bretagne* (1894), la mentionne aussi comme une devise bretonne et fait remarquer que le champ de l'écu, dans les armes de Beaucorps, est d'azur, émail qui, d'après les anciens hérauts d'armes, était l'emblème de la loyauté. Armes et devise seraient donc l'emblème et l'expression d'une qualité héréditaire et traditionnelle chez les Beaucorps : la loyauté. Loyauté qui s'est affirmée et continue de s'affirmer, non seulement dans la vie privée et les relations sociales, mais, depuis la Révolution, par une fidélité méritoire aux traditions politiques.

Titres nobiliaires.

A l'origine les titres nobiliaires étaient attachés à la possession d'un fief, d'une seigneurie, mais, peu à peu, ils prirent un caractère purement honorifique et servirent à distinguer les familles plus favorisées par la fortune, par leur fonction ou par la faveur du Roi. Ils devinrent un moyen pour les rois d'honorer leurs plus fidèles serviteurs. L'attribution d'un titre à une famille se faisait régulièrement par l'érection d'une terre en marquisat, comté ou baronnie. A côté de ces titres, une quantité d'autres furent courants au XVIIIe siècle. L'usage se répandit que les personnes admises aux *honneurs de la cour* (c'est-à-dire au cercle du Roi, aux bals de la Reine et aux chasses royales) prissent un titre en rapport avec leur situation ; de même pour les officiers-généraux, les hauts fonctionnaires. Il y eut aussi des titres de *courtoisie*, donnés par le Roi aux personnes qui lui étaient présentées. Ces qualifications accordées accidentellement ou à titre personnel furent transmises par leurs titulaires à leurs descendants, si bien que, vers la fin de l'ancien régime, les gentilshommes titrés étaient devenus légion (10).

Louis-Charles de Beaucorps, né en 1696, prit le premier le titre de *Comte*, nous ignorons à quelle occasion. Est-ce son exemple qui décida son cousin Guillaume, sgr de l'Epineuil, officier au Roi-Cavalerie, à se prévaloir du même titre ? Nous ne le savons pas davantage. Quant aux Beaucorps de la Bucherie, qui étaient les aînés, ils firent ériger en baronnie la terre de l'Isleau, acquise par eux en 1742.

François de Beaucorps de la Bastière, qui fut écuyer du Roi et chevau-léger, dans son contrat de mariage (1761), s'intitule seulement chevalier, bien que son père, alors décédé, eût porté le titre de comte. Plus tard, vers 1777, dans des contrats passés pour la vérification de ses droits seigneuriaux, on lui donnera l'appellation de *marquis*. Les fonctions qu'il avait remplies à la cour l'incitèrent sans doute à se parer de ce titre, en rapport du reste avec la situation importante qu'il occupait dans le pays. Nous ne croyons pas, en effet, que la terre de la Bastière, dont il portait le nom, ait été érigée en marquisat. Aussi ne prenait-il pas ce titre dans les actes officiels. L'inscription de la cloche de Saint-Crépin, dont il fut parrain en 1780, le qualifie seulement chevalier, et dans les preuves de Malte de ses deux fils (1790) il n'est pas question du titre de marquis.

La Révolution supprima les titres nobiliaires, mais les gentilshommes émigrés continuèrent à les porter. Pierre-Louis, fils aîné de François, prit à l'armée de Condé le titre de comte, qu'il ne porta pas longtemps, puisqu'il mourut en 1793. Lorsque ses frères rentrèrent en France, on était sous le régime impérial, et les anciens titres nobiliaires n'avaient pas été rétablis. Ils ne le furent qu'à la Restauration (1814).

Il se produisit alors pour les Beaucorps un cas assez particulier. Ferdinand de Beaucorps, l'aîné de la famille, se trouvait enfermé à Mayence avec les troupes impériales. On était sans nouvelles de lui, et comme le bruit avait couru qu'il avait été tué, on n'espérait guère le revoir. Son oncle Henri-Madeleine, qui était devenu son beau-frère par son mariage avec Alexandrine, crut alors devoir relever le titre de marquis porté par son père, et lorsque Ferdinand revint dans sa famille, trois mois après l'avènement de Louis XVIII, il en fut assez mécontent et reprocha aux siens d'avoir laissé son oncle prendre le titre de marquis.

(10) De Cornulier, *Des Généalogies*, 8e éd., p. 96-97. — W. Mag, *Abrégé méthodique de la science des armoiries*, p. 462.

Pour le consoler, et lui donner comme aîné une distinction particulière, sa grand'mère de Milon, qui était la dernière des Créquy, imagina alors de relever en sa faveur le nom de Créquy, et obtint pour lui le titre de comte de Beaucorps-Créquy (11).

Sous l'ancien régime, le titre nobiliaire appartenait exclusivement à l'aîné ; les puinés s'appelaient seulement chevaliers. En 1817 une ordonnance concernant la pairie autorisa le fils aîné d'un pair titré à prendre le titre immédiatement inférieur à celui du père, et les fils puinés les titres inférieurs dans l'ordre suivant : duc, marquis, comte, vicomte, baron. Cet usage se généralisa et fut adopté par les familles d'ancienne noblesse comme les Beaucorps.

La Révolution de 1848 supprima ces titres de noblesse (*29 juin 1848*), mais une loi promulguée en 1849 les autorisa à condition que les titulaires justifiassent qu'ils avaient appartenu à leurs grands-pères avant 1789. Le comte Henry de Beaucorps remit alors à Mᵉ Clais, notaire à Saint-Jean-d'Angély, plusieurs pièces justificatives, en particulier un acte déclaratif du lieutenant-général de la sénéchaussée de Saint-Jean, du 20 juin 1783, certifiant que François de Beaucorps, décédé le 8 avril précédent, avait porté le titre de marquis.

Une nouvelle loi de *mai 1858* rendit obligatoire une nouvelle constatation des titres du marquis, du comte et du vicomte de Beaucorps. Elle fut faite au moyen d'un acte de notoriété, établi le 23 juillet 1859 par Mᵉ Mayer, notaire aux Montils (Loir-et-Cher). Les pièces justificatives comprenaient un extrait de l'acte d'inhumation de François de Beaucorps, signé du R. P. Chapot, curé de Saint-Jean-d'Angély, portant que le 10 avril 1783 le corps de « messire François, marquis de Beaucorps de la Bastière, chevalier, sgr de Parançay et d'autres terres, ancien chevau-léger du Roi », a été inhumé dans le cimetière des capucins de cette ville (12).

Les Beaucorps-Créquy.

Nous avons vu par suite de quelles circonstances Ferdinand de Beaucorps fut amené à relever le nom de Créquy. Il en était héritier par sa mère, Charlotte de Milon de Mesme, fille de Henri-André, chevalier, et de Marie-Madeleine de Créquy ; celle-ci était fille du marquis de Créquy, sgr de la Roche-de-Gençay, et avait

(11) Souvenirs du comte Henry de Beaucorps et lettre du comte de Beaucorps-Créquy à M. de Magny (12 avril 1846).

(12) Arch. du marquis de Beaucorps.

une sœur aînée, Mme d'Aubéry, qui mourut en 1814. Madame de Milon restait donc seule héritière du nom, et comme son fils n'avait qu'une fille, elle demanda pour son petit-fils Ferdinand l'autorisation de relever ce nom. La demande se justifiait par l'ancienneté et l'illustration de cette maison originaire de l'Artois, les charges importantes exercées par plusieurs de ses membres, et les services exceptionnels rendus par eux en versant leur sang sur les champs de bataille.

Par ordonnance royale rendue le *11 octobre 1815*, Ferdinand de Beaucorps fut autorisé à prendre, ainsi que ses descendants, le nom de Beaucorps-Créquy, et à écarteler les armes des Beaucorps de celles des Créquy.

Les Créquy blasonnaient : *d'or au créquier de gueules* (le créquier est une espèce de cerisier sauvage auquel on donne la forme d'un chandelier à sept branches). Ils avaient pour cimier : trois cols de cygnes au naturel, supportant de leur bec un annelet d'or (12 bis). Le cri était : « Créquy haut baron, Créquy haut renom ». La devise : « Nul ne s'y frotte ». Les Beaucorps-Créquy écartelèrent les armes des Beaucorps et celles des Créquy.

Le comte de Beaucorps-Créquy eut un fils Raoul qui mourut sans alliance et trois filles. Le nom de Créquy était donc destiné à s'éteindre encore une fois ; mais la plus jeune des trois sœurs, ayant épousé son cousin le comte Henry de Beaucorps, obtint pour leur fils Ivan la transmission du nom (13).

Celui-ci n'eut que deux filles, dont la plus jeune, Yolande, épousa son cousin, le comte Charles de Beaucorps. De cette union naquit un fils, Geoffroy, qui permit de sauver une seconde fois le nom de Beaucorps-Créquy. En effet, à la demande du comte Ivan, son petit-fils Geoffroy fut autorisé, par décision de la chancellerie du 1er juin 1917, à joindre à son nom celui de Créquy. A l'appui de sa requête il produisit un mémoire très documenté sur l'illustration et les mérites des Créquy, établi par le baron Adalbert de Beaucorps, et fit ressortir que Geoffroy les représentait, non seulement par l'estoc maternel, mais encore par l'estoc paternel, Charles étant l'arrière petit-fils d'Alexandrine de Beaucorps, elle-même fille de Pierre-Louis et d'Henriette Milon de Mesme.

(12 bis) Au cimier des Créquy se rattache une gracieuse légende. De retour de la croisade certain sire de Créquy prêta trop légèrement l'oreille à ceux qui émettaient des doutes sur la fidélité de sa femme. Furieux il jette son alliance dans les douves du château et s'apprête à s'éloigner ; mais des cygnes s'élancent, saisissent l'anneau et le rapportent au sire qui recouvre, avec lui, la foi en sa dame.

(13) Décision du Conseil des Sceaux du 12 août 1885.

Distinctions honorifiques.

Guillaume de Beaucorps de l'Epineuil, dans des notes qu'il rédigea en 1815 sur la famille, dit que les Beaucorps n'ont jamais été clients ni intrigants, se contentant des grâces que les rois ne pouvaient refuser à leurs services. Il ajoute qu'ils n'avaient jamais obtenu la *croix de Saint-Louis* à cause de leur réputation huguenote. Ce fut à vrai dire plus qu'une réputation : jusqu'à la fin du XVIIᵉ siècle, ils demeurèrent de bons huguenots, ce qui les tint à l'écart des grades et des honneurs (14). « J'aurais été, dit-il, le premier du nom qui aurait eu cette dignité si j'eusse voulu ; mais il y a 26 ans que je la vois distribuer à des fils de bouchers, à un brigadier de maréchaussée dans cette ville (de Saintes), que je remerciai M. le comte de la Tour-du-Pin, qui était pour lors ministre, et que je porte, peut-être mal à propos, la gloire de n'avoir pas voulu être leur collègue. » A la Restauration, il se ravisa et accepta enfin la croix de Saint-Louis.

Son cousin, Henry-Charles de Beaucorps, avait été décoré de l'ordre de Saint-Louis, soit comme lieutenant au régiment de Hainaut, soit comme capitaine de canonniers garde-côtes ; il en porte l'insigne sur le portrait que nous possédons de lui.

Cet ordre militaire, qui datait de 1693, servit à Louis XVIII pour distinguer et récompenser les fidèles serviteurs de sa cause. Parmi eux les Beaucorps s'étaient signalés sur tous les champs de bataille royalistes : à l'armée des Princes, en Vendée, à Quiberon ; et, sous l'Empire, ils avaient obstinément refusé de servir l'Usurpateur, préférant vivre dans la gêne et la médiocrité que de rien lui devoir. Aussi étaient-ils des premiers à mériter la croix de Saint-Louis ; elle fut décernée, dès la première Restauration, en 1814, au marquis de Beaucorps. Jean-Jacques de Beaucorps de l'Epineuil la reçut en 1815, puis ce fut le tour d'Armand-Angélique, d'Auguste en 1816, de Charles en 1817. Enfin leur neveu Ferdinand, comte de Beaucorps-Créquy, fut nommé à son tour chevalier de Saint-Louis ; il reçut aussi la croix de la Légion d'honneur, ainsi que son oncle Auguste de Beaucorps.

Après la guerre de 1870-71 Robert de Beaucorps et son cousin Geoffroy furent décorés de la Légion d'honneur pour leur brillante conduite comme capitaines de mobiles.

La même distinction fut accordée à Adalbert de Beaucorps qui

(14) Après les guerres de religion, et sans doute à cause de leur longue fidélité au protestantisme, les Beaucorps vécurent sur leurs terres, sans rechercher grades ni honneurs, jusque vers le milieu du XVIIIᵉ siècle.

avait fait campagne comme officier d'infanterie et pris part au siège de Paris en qualité d'officier d'ordonnance du général Matha. Celui-ci l'affectionnait beaucoup et lui laissa, en mourant, sa montre en souvenir.

Nous ne mentionnons pas ici les nombreuses croix de guerre avec palmes et étoiles et autres décorations gagnées héroïquement par les Beaucorps au cours de la guerre de 1914-1919. C'est une page glorieuse qui méritera d'être ajoutée à l'histoire de la famille.

CHAPITRE II

LES ORIGINES BRETONNES DES BEAUCORPS

Conquête de l'Angleterre (1066) (15).

Le nom de Beaucorps se rencontre, dès 1066, parmi ceux des hommes d'armes qui prirent part à la conquête de l'Angleterre ; M. Gabriel O'Gilvy, dans son ouvrage sur *Les conquérants de l'Angleterre*, paru en 1865, cite un Robert de Beaucorps. Et comme, plusieurs siècles plus tard, nous trouvons un fief de Beaucorps dans la partie de la Bretagne confinant à la Normandie, on peut supposer qu'il suivait la bannière d'Alain le Roux ou le Noir, duc de Bretagne, qui fournit à l'armée de Guillaume le Bâtard un contingent important.

Après la glorieuse bataille d'Hastings (1066) qui assura aux Normands et à leurs alliés la domination de la Grande Bretagne, ce Beaucorps s'y serait fixé et y aurait fait souche. M. O'Gilvy a relevé dans les chartes Anglo-Normandes primitives les formes Belcors, Beucors, Bealcorbs, Gentilcors, qui ne seraient que des variantes du nom primitif. Il a pu préciser que ceux qui le portaient habitaient le Yorkshire et le Devonshire et s'allièrent fréquemment aux Belpel (ou Beaupoil) famille originaire de Bretagne (16). On les rencontre jusque vers 1350 tant en Angleterre qu'en Bretagne et dans le Comté de Mortain. Alors, les Beaucorps de Bretagne auraient passé sur le Continent avec les bandes de Charles le Mauvais, roi de Navarre, qui inondèrent la Normandie et les confins de la Bretagne vers 1359.

(15) Les détails qui suivent sont empruntés aux lettres adressées par M. Gabriel O'Gilvy au vicomte Maxime de Beaucorps en 1886. Il avait entrepris des recherches sur les origines de la famille qui n'ont donné aucun résultat précis.

(16) Sources indiquées par M. O'Gilvy, *Liber niger Scaecarie*. — *Rotuli haudredorum*. — *Rotuli turris Londinensis*, etc.

Le Combat des Trente (1351).

Quoi qu'il en soit des liens de parenté entre les Beaucorps d'Angleterre et ceux de Bretagne, nous savons qu'en 1351 un Geoffroy de Beaucorps, écuyer, prit une part glorieuse à la guerre de succession de Bretagne dans le parti de Charles de Blois, et fut choisi par Beaumanoir pour être un des hommes d'armes qui soutinrent avec lui le fameux combat des Trente.

Ce fait d'armes est un des épisodes les plus connus de la longue guerre qui, à plusieurs reprises, durant 23 ans (de 1341 à 1364), ensanglanta la Bretagne et divisa la noblesse de ce pays en deux partis irréductibles. A la mort du duc Jean (30 avril 1341), la succession du duché fut disputée entre son frère Jean, comte de Montfort, et sa nièce Jeanne de Penthièvre, mariée depuis 1337 à Charles de Blois. La basse Bretagne, c'est-à-dire la partie sud-ouest du pays, prit le parti de Jean de Montfort appuyé par les Anglais, non par sympathie mais parce que cette puissance semblait moins menaçante que la France pour l'indépendance du pays. Au contraire la haute Bretagne, c'est-à-dire la partie nord-est du duché, française de langue et de mœurs, était naturellement portée à soutenir le champion de la France. Charles de Blois vit ainsi se ranger sous sa bannière la plupart des grandes familles de la féodalité bretonne résidant en haute Bretagne et alliées à des familles françaises (17).

Dans l'évêché de Dol, non loin de Matignon, en la paroisse de Pléboulle, se trouvait une modeste seigneurie appelée Beaucorps. Tandis que, la plupart du temps, les gentilshommes prenaient le nom de leur fief, il semble, dans le cas présent, que la terre de Beaucorps ait été ainsi appelée du nom de la famille qui la possédait. Le seigneur du lieu, Geoffroy de Beaucorps, simple écuyer, faisait partie avec les Goyon, les Tinténiac, les Montauban et autres gentilshommes du pays, de la garnison de la place de Josselin, commandée par Robert de Beaumanoir, lorsqu'il fut choisi comme champion du combat des Trente (18).

---

(17) Arthur de LA BORDERIE, *Etudes historiques bretonnes*, 2ᵉ série (1888), p. 117.

(18) Sur le *Combat des Trente* voir : *Le combat de trente bretons contre trente anglais, publié d'après le manuscrit de la Bibliothèque du Roi, par* G.-A. Grapelet, imprimeur (1827) ; 2ᵉ éd., 1835.

Pol de COURCY, *Le combat de trente Bretons contre trente Anglais, d'après les documents originaux des* XIVᵉ *et* XVᵉ *siècles* (1857).

De LA BORDERIE, *Histoire de Bretagne.*

Comte René de LAIGUE, *Le combat des Trente et les champions du parti breton* (1913).

Ce fait d'armes héroïque, qui a inspiré les poètes et les peintres, nous est connu d'une manière assez précise par deux sources historiques. La première est un fragment des chroniques de Froissart faisant partie de plusieurs additions, non comprises dans les premières éditions, et restituées par l'éditeur Buchon, en 1824, d'après un manuscrit du prince de Soubise qui date de la fin du XIVᵉ siècle ou du commencement du XVᵉ (19).

La seconde est un poème épique qui raconte ce fameux combat. Il fut composé vers 1500 et plusieurs fois reproduit. Parmi les versions parvenues jusqu'à nous, la plus ancienne et la plus correcte provient de la bibliothèque de Firmin Didot et se trouve à la Bibliothèque nationale sous la cote : Nouvelles acquisitions n° 4.165. Ce manuscrit, qui comprend 499 vers, signalé par M. de la Borderie dans son *Histoire de Bretagne*, a été publiée en 1913 par le comte René de Laigue.

Une autre version du même poème, écrite en Picardie, très inférieure à la précédente, et comprenant 519 vers, était connue depuis longtemps des historiens. Elle a pour titre : « La bataille de XXX Anglais et de XXX Bretons qui fut faite en Bretaigne » (20). Découverte en 1813, dans la Bibliothèque du Roi, par M. de Penhoët, archéologue breton, elle fut publiée en 1819 par le chevalier de Fréminville. Cette édition était très défectueuse. En 1827 M. Crapelet en donna une nouvelle soigneusement collationnée ; le texte est reproduit en caractères gothiques et précédé de deux pages en *fac-simile*.

Une troisième copie de la chanson du combat des Trente, aujourd'hui perdue, inférieure à celle publiée par M. de Laigue, fut consultée par Jean de Saint-Paul, quand il écrivit vers 1470 sa *Chronique de Bretagne*. L'abrégé du poème (21) fut utilisé par les historiens bretons Le Baud (22), dom Lobineau et dom Morice.

La rencontre entre Français et Anglais fut provoquée par les circonstances suivantes (23). On était en pleine trève de Calais,

(19) Le passage en question se trouve dans l'édition Siméon Luce (Société de l'histoire de France), tome IV, livre I, p. 110-115. Il est reproduit par Crapelet, p. 61-68.

(20) Bibliothèque nationale, ff. 1555, fᵒ 50.

(21) Le passage de Jean de Saint-Paul est reproduit dans la brochure de M. Pol de Courcy, p. 19.

(22) Le manuscrit de la chronique de Pierre Le Baud, écrite vers 1480, est conservé à la Bibliothèque nationale. Il renferme des miniatures dont l'une représente le combat des Trente. M. Pol de Courcy l'a reproduite.

(23) De LAIGUE, *Le Combat des Trente*, p. 2 ; de LA BORDERIE, *Etudes historiques bretonnes*, p. 150.

trève proclamée en 1347. Deux villes bretonnes voisines, Josselin et Ploermel, étaient aux mains des deux partis adverses. A Josselin se trouvait une garnison bretonne sous les ordres de Jean de Beaumanoir ; à Ploermel, une garnison anglaise commandée par Bembro. Séparés seulement par quelques milliers de mètres, Bretons et Anglais devaient appeler de leurs vœux une occasion légitime de tomber les uns sur les autres. Les Anglais la fournirent. Dans le courant de mars 1351, Beaumanoir se rendant à Ploermel pour conférer avec Bembro, vit une troupe de paysans, enchaînés deux à deux, frappés, maltraités, poussés comme un vil bétail par des soldats anglais ; c'étaient de pauvres laboureurs que l'on punissait de n'avoir pu satisfaire à la rapacité des Anglais. Arrivé devant Bembro, Beaumanoir lui reproche ces cruautés ; Bembro y répond par des bravades ; alors Beaumanoir lui lance un défi. Les deux adversaires conviennent que la querelle sera vidée en champ clos par un combat entre 30 anglais et 30 bretons. On fixe le rendez-vous au samedi, veille de dimanche de Lætare (26 mars 1351 et non 27 mars comme l'ont dit la plupart des historiens), et le lieu de la rencontre sur la lande de Guillac où s'élevait à mi-chemin entre Ploermel et Josselin le chêne dit de Mi-Voie.

Chacun des chefs choisit 30 compagnons. Ceux de Beaumanoir furent pris sans doute parmi les hommes d'armes de la garnison de Josselin. La troupe comprenait 10 chevaliers et 20 écuyers (24). Les chevaliers étaient Jean de Tinténiac, Guy de Rochefort, Even Charuel, Robin Raguenel, Caro de Bogedat, Guillaume de la Marche, Olivier Arrel, Jean Rousselet, Geffroi du Bois. Les écuyers se nommaient : Guillaume de Montauban, Alain de Tinténiac, Tristan de Pestivien, Alain de Kéranrais, Olivier de Kéranrais, Louis Gouyon, Olivier de Fontenoys, Huguet Catus, Geffroi de la Roche, Geffroi Poulart, Maurice de Tréziguidy, Guyon de Pontblanc, Maurice du Parc, Geffroi de Beaucorps, de la Villong, Geffroi Moelou, Jehannot de Serrant, Olivier Monteville, Guillaume de la Lande, Simonet Richart.

Geoffroy de Beaucorps est nommé dans Froissart « Geffroy de Beaucorps » et dans la chanson (vers 170) « Geffroy de Beaucours » ; les deux formes *Beaucors* et *Beaucours* étant équivalentes puisque, à cette époque, *o* et *ou* sont souvent mis l'un pour

---

(24) Liste donnée par M. de Laigue, le dernier historien du Combat des Trente, qui, après M. de Courcy, a consacré une notice à chacun des combattants bretons.

l'autre. Le manuscrit publié en 1819 présente cette variante (vers 130 et 131) :

> « Et Morisce du Port, un escuiêr hardy,
> « Et Guiffray de Beaucorps, qui est monlt son amy. »

L'amitié de ces deux compagnons paraît une invention du copiste inspirée par les besoins de la rime. Le manuscrit publié par M. de Laigue ne dit rien de tel.

Voici brièvement résumées les phases du combat d'après le récit de M. de Courcy puisé aux sources originales (25).

Le jour fixé, les Anglais arrivèrent les premiers au rendez-vous. Beaumanoir, ayant assisté à la messe et communié avec ses compagnons, paraît à son tour. Le chef anglais lui propose de rompre la partie ; il répond qu'il est trop tard. Alors les juges du camp font sortir de la lice les gentilshommes des environs venus pour assister au combat ; les adversaires se rangent à chaque bout sur une seule ligne de front, et, au signal des hérauts, le corps à corps s'engage.

Le premier choc fut funeste aux Bretons ; deux d'entre eux sont frappés à mort, trois autres grièvement blessés. L'un d'eux, le vaillant Tristan, blessé et meurtri, est entraîné par les Anglais ; il appelle à son aide Beaumanoir, qui brandit son « brau d'acier » et fait des victimes. La bataille se poursuit avec un acharnement sans exemple jusqu'à ce que les combattants, épuisés de fatigue, conviennent d'une suspension d'armes, pour se désaltérer et re-prendre haleine.

Après une courte trêve, on se remet en ligne et le combat se poursuit avec une terrible violence. Les Bretons ne sont plus que 26. Bembro, cherchant Beaumanoir pour se mesurer avec lui, reçoit d'Alain de Kéranrais un coup de lance, et Geoffroy du Bois le frappe à son tour et le renverse mort à ses pieds. La mort de Bembro rendait libres les trois prisonniers qu'il avait faits, les-quels, bien que blessés, reprennent part à la mêlée. Les Bretons blessent à mort quatre adversaires. Mais voilà Beaumanoir atteint et, comme il se plaint d'une soif ardente et demande à boire, son compagnon Geoffroy du Bois lui crie : « Bois ton sang, Beauma-noir, ta soif te passera ! » Alors Beaumanoir se ressaisit et recom-mence à frapper. D'un côté comme de l'autre « trestous furent blessés, guaires n'en demeura ».

Une inspiration subite de Guillaume de Montauban décida de

(25) M. de la Borderie a donné le récit le plus complet et la physionomie la plus exacte du combat des Trente dans sa grande *Histoire de Bretagne*.

l'issue du combat. Chaussant ses éperons il monte à cheval et simule la fuite, puis faisant volte face, il se précipite sur les ennemis avec une telle violence qu'il en renverse 7 (26), décidant par là du sort du combat. Ce fut le commencement de leur défaite. Chaque chevalier ou écuyer breton fait son prisonnier ; les uns sont conduits au château de Josselin, les autres relâchés sur parole.

Le trouvère anonyme qui a chanté le combat de Trente prévoit, au début de son poème, que, dans cent ans nobles et clercs s'en « esbateront » encore dans leurs maisons. Ses prévisions sont bien dépassées. On ne s'est pas contenté de chanter cette mêlée héroïque, d'en conserver fidèlement le récit, on a voulu en perpétuer le souvenir à travers les siècles par un monument durable. Le chêne de Mi-Voie, témoin de la rencontre, n'était pas éternel ; il tomba de vétusté au commencement du XVIIe siècle et fut remplacé par une croix dite croix de la bataille des Trente, et lorsque celle-ci tomba à son tour en 1776, elle fut relevée aux frais des Etats de Bretagne. La fureur révolutionnaire s'acharna contre elle, et la fit abattre en l'an II. Cet acte de vandalisme fut réparé sous la Restauration en 1817. Grâce au zèle du général comte Coutard, du comte de Chazelles, préfet du Morbihan, au vote favorable du Conseil Général et aux dons volontaires du clergé, de l'armée et de la population, une pyramide dite Colonne des Trente fut érigée sur l'emplacement du combat. C'est le 11 juillet 1819 que la première pierre en fut bénie solennellement par Mgr de Beausset, évêque de Vannes. La cérémonie, très imposante, attira une grande foule de spectateurs. Elle a laissé en Bretagne un vivant souvenir (27).

Le 26 juin 1828, la duchesse de Berry, visitant la Bretagne, vint de Josselin à la lande de Mi-Voie où, autour de l'obélisque, 20.000 hommes l'acclamèrent.

La pyramide des Trente, construite en granit, a la forme d'un obélisque. Haute de 13 mètres, elle se dresse au milieu d'une

---

(26) On a reproché à Montauban d'avoir employé un stratagème déloyal. Cela est démenti par deux vers (109 et 110) du manuscrit Didot, de la chanson des Trente, indiquant les clauses du combat.

> « Ainsi fust la bataille jurée par tel point ;
> « Et que sans nulle fraude loyalement le feroyent,
> « Et d'ung costé et d'aultre touts à cheval seroint
> « Ou trois, ou V, ou VI, ou touts, se ilz vouloint
> « Sans élection d'armes ainxin se combattroint,
> « En guise et maniere que chacun le vouldroint.

(27) Pol de Courcy, l. c., p: 14-15. Le procès-verbal de la cérémonie est reproduit par M. Crapelet ainsi qu'une lithographie qui la représente.

enceinte circulaire de 130 à 140 mètres de diamètre formée par deux ou trois rangs de beaux épicéas et un large fossé. L'espace libre laissé autour du monument permet de l'observer avec le reculement nécessaire. La route de Ploermel à Josselin (ces deux localités sont l'une et l'autre à 6 kilomètres) passe à proximité. Aux alentours s'étend la lande de Guillac. Autrefois il y avait là un village appelé Mi-Voie qui dépendait de l'abbaye de Saint-Jean-des-Prés et se trouvait sur la paroisse de Guillac (aujourd'hui commune du même nom). On montre encore, non loin du lieu du combat, une pièce de terre appelée le champ aux Anglais où, d'après la tradition, les morts du parti de Bembro auraient été enterrés.

Sur la face nord du monument une plaque de bronze porte l'inscription suivante :

« Vive le Roi longtemps
« Les Bourbons toûjours. »

« Ici, le 27 mars 1351, trente Bretons combattirent pour la « défense du pauvre, du laboureur, de l'artisan, et vainquirent « des étrangers que de funestes divisions avaient amenés sur le « sol de la patrie. »

Sur l'obélisque lui-même sont gravés les noms des combattants (il n'y a que 30 noms alors qu'en réalité ils furent 31) ainsi que leurs blasons. On lit le nom de Geoffroy de Beaucorps ; quant à son écusson, il resta longtemps sans figures ; on avait demandé au comte de Beaucorps-Créquy, chef de la famille, d'indiquer les armes des Beaucorps : il négligea de répondre et les choses en restèrent là. Ce n'est qu'en 1855 que la famille obtint que les deux fasces fussent gravées sur l'écusson.

Le combat des Trente était bien fait pour inspirer les artistes. Vers 1857 un peintre de talent, Penguilly l'Haridon, essaya de reproduire sur la toile cette émouvante lutte. On y voit au pied du chêne de Mi-Voie Geoffroy de Beaucorps, reconnaissable aux armes de son écu, brandissant son épée contre un ennemi qui le menace de sa hache. Cette vaste toile qui mesure 1^{m}43 sur 2^{m}64 demeura longtemps exposée au Musée de Versailles (28). En 1882 elle fut envoyée au Musée de Quimper. Au-dessus du tableau, l'artiste avait peint les armes des combattants bretons ; par suite de renseignements inexacts fournis par le chef de la famille le blason de Geoffroy de Beaucorps portait d'azur à trois fasces d'or ; une démarche collective de plusieurs membres de la famille, en

(28) Salle 98, n° 1933.

1868 ou 1869, fit rectifier cette erreur. En 1874 le vicomte Maxime de Beaucorps fit copier le tableau et se livra à de minutieuses recherches sur les noms et les armes des combattants (29).

Jean de Beaucorps en Angleterre avec Charles de Blois (1356).

Charles de Blois vaincu dans sa lutte contre les Anglais, et emmené par eux en captivité, obtint en 1356 du Roi Edouard III de passer en Bretagne avec sa fille, ses parents et sa suite, pour s'occuper du recouvrement de sa rançon. Le 7 août, la chancellerie anglaise délivrait des lettres de sauf-conduit pour les personnes qui devaient le suivre sur le continent, au nombre de 60, et pour celles qui devaient repasser avec lui en Angleterre. Parmi ces derniers, dont le nombre est fixé à 40, est mentionné Jean Beaucours, écuyer, avec Robert de Saint-Pierre, Even Charuel, Etienne Gouyon, X. Chastellier, Pierre Poulard, tous chevaliers ; Rainfroi, préchantre de Dol, Jean Kermoisan, Olivier de Morjelles et Alain Chauce (30). Parmi ces noms quatre figuraient au combat des Trente, ce qui fait penser que ce Beaucours était un Beaucorps et apparenté à Geoffroy du combat des Trente, son frère plutôt que son fils, puisqu'il est vraisemblable qu'il n'eut pas de postérité mâle.

Les Gouyon de Beaucorps.

La seigneurie de Beaucorps, paroisse de Pléboulle, près de Saint-Cast, passa dès le xive siècle dans l'illustre maison de Goyon, et donna son nom à l'une de ses branches, celle de Goyon (ou Gouyon) de Beaucorps.

Les Goyon sont originaires des environs de Dol où ils auraient fondé la paroisse de la Gouionnière. A son retour de la croisade, en 1097, Eudes Goyon fonda les prieurés de Saint-Valéry à Matignon, et de Saint-Aubin-des-Bois en Plédéliac. Dès cette époque reculée les Goyon avaient rang de bannerets (31).

(29) Une autre copie fut faite pour le marquis Edouard de Beaucorps.

(30) Le texte de ces lettres de sauf-conduit écrites en latin est publié dans le recueil de RYMER, t. III, p. 126 ; t. v, p. 8, et cité par dom MORICE, *Preuves de l'histoire de Bretagne*, t. I, col. 1508.

(31) Voir POTIER DE COURCY, *Nobiliaire de Bretagne*. — BRIOT, référendaire au sceau de France, *Notice historique sur la famille de Goyon-Matignon* (1851). Il existe deux autres familles de Gouyon : Les Gouyon de Coispel,

Ils étaient seigneurs de *la Roche-Goyon*, forteresse qui se dressait à l'une des pointes de la côte Nord du pays de Lamballe, paroisse de Plévenon. Le château existait dès 931. Il appartint aux Goyon jusqu'à la fin du XVIIe siècle, devint forteresse royale sous le nom de fort de la Latte, est aujourd'hui déchu de son importance militaire (32).

Etienne Goyon, sgr de la Roche-Goyon, mort en 1225, épousa Damète, dame de Matignon, et cette alliance avec une illustre et puissante maison fit des Goyon-Matignon les principaux seigneurs du pays (33).

Dans la guerre de succession de Bretagne ils prirent le parti de Charles de Blois comme leurs voisins et peut-être vassaux les sgrs de Beaucorps, et ces deux noms se trouvent plus d'une fois associés. Louis de Goyon, éc., se battit aux côtés de Geoffroy de Beaucorps, dans la lande de Mi-Voie ; Etienne Goyon et Jean de Beaucorps, accompagnèrent ensemble Charles de Blois en Angleterre en 1356. Aussi ne faut-il pas s'étonner si le lien du sang vint rapprocher, davantage encore, les deux familles.

Jean de Goyon épousa, à une date que nous ne pouvons préciser, Jeanne de Beaucorps, fille et héritière du champion du combat des Trente, et cette alliance donna naissance à la branche des Gouyon de Beaucorps.

Ce fait paraît avoir été indiqué pour la première fois en 1656 par le Laboureur dans une généalogie des Goyon, faisant suite à *l'Histoire du maréchal de Guébriant*.

Dans son *Histoire généalogique et chronologique de la maison de France et des grands officiers de la couronne*, parue en 1674, le Père Anselme donne, à la suite de la Généalogie de Goyon-Matignon, celle des Goyon de Beaucorps, et il débute ainsi : « Comme les sgrs de Beaucorps, dans la production qu'ils ont faite des pièces justificatives de leur noblesse à la Chambre établie par le Roi en 1668 pour la réformation de la noblesse des pays et duché de Bretagne, ne rapportent point de preuve de leur liaison avec aucune des branches de la maison de Goyon-Matignon, nous commençons par Jean Goyon, sgr de Beaucorps, peut-être celui qui fut fait prisonnier avec Bertrand III du nom,

d'ancienne noblesse bretonne, et les Gouyon de Guyenne, dont un membre, le duc de Feltre, fils du général comte de Gouyon, aide-de-camp de l'Empereur, acheta la propriété de la Roche-Gouyon.

(32) Vicomte H. Frotier de la Messelière, *Le Pays de Lamballe* (1921), p. 29.

(33) Par suite de cette alliance, les armes des Goyon se trouvent parfois écartelés avec celles des Matignon qui portaient : d'or à deux fasces nouées de gueule accompagnées de 9 merlettes de même en orle 4, 2, 3. Ces armes étaient portées par Louis Goyon, l'un des écuyers du combat des Trente.

chev., sgr de Matignon, le 6 octobre 1387. M. d'Hozier, dans ses tables généalogiques, le dit fils de Bertrand Goyon, II du nom, sire de Matignon. — Femme Jeanne de Beaucorps, fille et héritière de Geoffroy, sgr de Beaucorps, qui combattit à la bataille des Trente en Bretagne l'an 1351. » (34).

Dom Lobineau, dans son *Histoire de Bretagne* publiée en 1709, mentionne à son tour l'alliance des Goyon et des Beaucorps (35).

D'après ce passage du Père Anselme, cité plus haut, les Goyon de Beaucorps prétendaient descendre de Bertrand Goyon, sire de Matignon (celui qui signe la ratification du traité de Guérande en 1380), lequel, de son mariage avec Jeanne de Dinan, aurait eu deux fils : Etienne, sire de Matignon, ambassadeur du duc de Bretagne en France, gouverneur de Rennes en 1393, tige des Goyon-Matignon, et Jean qui épousa Jeanne de Beaucorps et donna naissance à la branche des Goyon de Beaucorps.

Comme preuve de la communauté d'origine entre les deux branches, les Goyon de Beaucorps invoquaient un contrat d'afféagement, datant de 1393, dans lequel le sire de Matignon traitait de cousin Alain Goyon, sgr de Beaucorps, fils de Jean (36); mais ils ne prouvaient pas l'origine exacte de cette parenté (37).

Une généalogie de la maison de Goyon, établie avec soin, en 1778, et présentée au Parlement de Bretagne, ne fait pas mention de la communauté d'origine des deux branches. Elle fait descendre les Goyon de Beaucorps de Louis, du combat des Trente. M. Bizeul, en 1852, admettait cette filiation. Toutefois l'origine commune était si bien établie par la similitude des armoiries, le même pays d'origine, le document de 1393, que, lors de l'extinction du nom de Matignon en 1847, il fut relevé par les Goyon de Vaurouault.

Jean Goyon et Jeanne de Beaucorps auraient eu deux fils. *Bertrand*, qui prit le nom de *Goyon de Beaucorps*, et le transmit à ses descendants, et *Alain* (ou Jean) dont descendent les *Goyon de Vaurouault*.

Les Goyon de Beaucorps furent seigneurs de Beaucorps en Pléboulle, Saint-Cast lès Saint-Jean, la Vieux-Ville. Ils possédèrent aussi au xvᵉ siècle les Landes (paroisse de Bréhand-Moncon-

---

(34) Père Anselme, 8ᵉ édition, t. v, p. 400.

(35) Livre x, p. 343.

(36) Nobiliaire de Bretagne. Bibl. de l'Arsenal, vol. 4.930. Pol de Courcy, *Nobiliaire de Bretagne*, 2ᵉ éd., t. i, p. 42.

(37) Les archives des Goyon-Matignon conservées par les princes de Monaco ne renferment aucun document permettant d'élucider cette question de généalogie. (Communication de M. Labande, archiviste de la principauté de Monaco.)

tour), la Ville-de-Rouault (par. de Plévenon), la Vallée-de-Saint-Ketau, etc. (38). Jusqu'au xviie siècle ils résidèrent constamment dans la région de Saint-Cast, habitant surtout le manoir de la Vieuville. La garde du château de la Roche, en Plévenon, leur fut longtemps confiée par les Matignon. Alain, puis en 1437 son fils Bertrand, enfin François en 1549, furent capitaines de La Roche-Goyon.

Thomas Goyon mourut à Beaucorps en 1634 ; son cœur fut porté à Matignon, ses entrailles au temple de Pléboulle, et son corps honorablement ensépulturé au milieu du chœur de Saint-Cast. Son fils Jean fut déposé dans le même enfeu en 1661 et sa veuve en 1703 (39).

En 1684 Jean Gouyon, sgr de Dieudy, en Saint-Potan, acquit d'un de ses parents la seigneurie du Vau Meloysel, en la même paroisse, et habita, ainsi que ses descendants, le logis de ce nom, où leurs armes sont gravées. En 1764 Charles-Ignace-Jacques-Jean, demeurant au Vau Meloysel était chef de nom et d'armes des Gouyon de Bretagne.

Les Gouyon de Beaucorps se sont éteints le 20 octobre 1889 en la personne du colonel comte de Gouyon de Beaucorps, commandant de mobiles en 1870, décédé au château de Clinchamps-sur-Orne (Calvados). Son frère puîné, inspecteur de douanes à Nantes, était mort avant lui sans postérité.

La branche puinée des Gouyon de Beaucorps posséda dès la première moitié du xve siècle la seigneurie et le château de Vaurouault en la paroisse de Pléhérel, peu éloignée de Beaucorps, comportant haute, moyenne et basse justice. Vers la fin du xviiie siècle, cette terre devint un marquisat ; elle passa par alliance en 1823 dans la famille de la Motte-Rouge qui la possède encore (40). Le dernier des Gouyon de Vaurouault, Armand, officier de la Garde royale, fut tué en duel en 1822 sans avoir été marié. Mais de cette branche s'était détaché un rameau, celui des sgrs de Saint-Loyal, dont un représentant, Gabriel, recueillit, en 1847, le titre de Gouyon-Matignon, par suite du décès de la duchesse de Montmorency.

Quant aux Gouyon-Matignon, ils parvinrent vite à une haute situation. Jean épousa en 1421 Marguerite de Mauny et se fixa au château de Thorigny-sur-Vire. Ses descendants, bien que résidant en Normandie, n'en prirent pas moins le titre de premiers bannerets de Bretagne.

(38) Reformation de 1535 (Bibl, nat., f. f., 8311 et 8313).
(39) Vicomte H. de LA MESSELIÈRE, *Le Pays de Lamballe*, p. 37-38.
(40) Id., ibid., p. 26-27.

Jacques II, sire de Matignon et de Lesparre, prince de Mortagne, né en 1525, mort en 1597, devint maréchal de France (41). En 1715 Jacques - François - Léonor de Gouyon - Matignon épousa Louise-Hippolyte Grimaldi, fille aînée et héritière du prince de Monaco, duc de Valentinois, et devint lui-même, en 1717, prince souverain de Monaco, à condition de prendre les noms et armes des Grimaldi ; il est l'ancêtre des princes actuels de Monaco.

Le nom de Matignon, continué dans une branche cadette, se serait éteint avec Louise-Caroline, duchesse de Montmorency, décédée en 1846 (42), s'il n'avait été repris, comme nous venons de le dire, par un Gouyon de Saint-Loyal.

Le manoir et la seigneurie de Beaucorps.

Le manoir de Beaucorps se trouvait non loin de Matignon, en la paroisse de Pléboulle, au fond de la baie de la Fresnaye. Celle-ci sépare le territoire de Plévenon, formant le promontoire qui se termine par le cap Fréhel et le fort de La Latte, de la pointe de Saint-Cast.

De l'ancienne demeure des Beaucorps et, après eux, des Goyon, il ne reste pas pierre sur pierre. Beaucorps n'est plus qu'une ferme qui se trouve entre Pléboulle et Matignon, à 2 kilomètres de cette dernière localité. Ses bâtiments sont modernes, ayant été reconstruits après deux incendies à la fin du xviiie siècle. Le domaine comprend une trentaine d'hectares. D'anciennes avenues indiquent qu'il était autrefois plus important (43).

La seigneurie de Beaucorps était assez étendue. Au xve siècle elle comprenait la paroisse de Saint-Cast. Un plan du bourg de ce nom, situé à une lieue au nord-est de Matignon, plan conservé aux archives des Côtes-du-Nord, indique que l'église, le cimetière, la maison presbytérale, un manoir tout proche appartinrent autrefois aux sgrs de Beaucorps ; ils avaient leur ban et leur sépulture en l'église de Saint-Cast (44).

Ils avaient droit de haute justice sur la paroisse de Saint-Cast. Cette juridiction de Beaucorps et Saint-Cast relevait du duché de Lorges (45). La justice se rendait au village du Temple, où se voit

(41) Voir son Histoire par M. de Caillière, 1661.
(42) DE LA MESSELIÈRE, l. c., p. 33.
(43) Communication du vicomte de La Messelière.
(44) Arch. des Côtes-du-Nord, série E, liasse 213. (Titres de seigneurie des Matignon-Beaucorps à Saint-Cast.)
(45) GESLIN et de BARTHÉLÉMY, Les anciens Evêchés de Bretagne, t. ii, p. 137.

encore une ancienne chapelle, reste d'une commanderie des Templiers fort considérable (46).

Au XVIIIe siècle la seigneurie de Beaucorps se trouva divisée par suite de partages. En 1738 le marquis de la Rivière, sgr de Saint-Michel, vendait à Jacques-François-Léonor Grimaldi, duc de Valentinois, comte de Thorigny, prince de Monaco, sgr de Matignon, tout ce qu'il possédait des seigneuries de Beaucorps et Saint-Cast dans les paroisses de Pléboulle, Saint-Cast, Saint-Germain-de-la-Mer, Saint-Potau et Pludinio, du fait de sa mère Marie-Anne-Françoise Gouyon, et de sa tante Claude-Jeanne Gouyon, dame de Beaucorps (47).

La justice de Beaucorps et Saint-Cast fut achetée, vers 1760 ou 70, par les Matignon, pour être réunie à celle de Matignon (48).

La maison de Beaucorps et le domaine agricole qui en dépendait étaient restés dans la branche de Vaurouault. Ils en sortirent par la vente consentie le 25 juillet 1834 par Mme de Gouyon de Vaurouault à Michel-Auguste, comte de Gouyon, lequel les revendit, le 29 août suivant, à M. Hippolyte le Restif de la Motte-Colas, représentant d'une vieille famille du pays, plusieurs fois alliée aux Gouyon. En 1877 Beaucorps appartenait à Madame de Sécillon, née La Motte-Colas.

Les Beaucorps en Bretagne depuis 1350.

Avec Jeanne de Beaucorps, qui épousa (vers 1357 dit-on) Jean Goyon, le nom de Beaucorps ne disparut pas de Bretagne.

Nous le trouvons plus d'une fois mentionné dans les montres de la noblesse de Bretagne publiés par dom Lobineau et dom Morice, sous la forme Beaucours, dans la seconde moitié du XVe siècle :

Un sire de Beaucours est convoqué en 1458 à la montre générale de Saint-Malo.

Prégent de Beaucours, en 1464, envoie à sa place un homme et un cheval.

Un compte de 1481 mentionne Ivon de Beaucours.

Olivier de Beaucours, en 1491, est un des cent hommes d'armes de la maison de la reine.

Une famille de Beaucours existait en Cornouäille vers la même

(46) Voir DE LA MESSELIÈRE, *Le Pays de Lamballe*, p. 31. — OGÉE, *Dictionnaire hist. et géogr. de Bretagne* (1780).
(47) Arch des Côtes-du-Nord, E 213.
(48) Arch. des Côtes-du-Nord, B 718, B 796 à 801.

époque, dont le fief était en Bothoa. Elle figure aux montres de
Cornouaille de 1481 à 1562. En 1487 Jean de Beaucours était
sgr de Lopuen et de Roc'hcleuz, paroisse de Duault (49). Son frère
aîné, Guilaume, un des 50 hommes d'armes de l'ordonnance
du roi en 1491, obtint en 1505 des lettres de rémission de
Louis XII (50). Cette famille de Beaucorps ne put faire valoir ses
preuves de noblesse en 1669 et on ignore ses armoiries (51).

Il faut sans doute lui rattacher les quelques noms qui suivent :

Ivon de Beaucorps qui figure dans une montre de 1553 (52).

Jeanne de Beaucours, femme de Tristan Lescobié, au Cosquer
en Lignol (1608).

Bertrand de Beaucours de Ploërdut, sʳ de Kerourhin, recteur
de Locmalo de 1597 à 1605 (53).

Origine bretonne des Beaucorps de Saintonge.

Au XVIIIᵉ siècle, les Beaucorps établis en Saintonge depuis les
guerres de religion émirent la prétention d'être sortis de Bretagne, et de descendre de Geoffroy de Beaucorps, l'un des champions français du combat des Trente. C'est Guillaume de Beaucorps de l'Epineuil, né en 1737, officier au Roi-Cavalerie qui, le
premier, paraît avoir revendiqué, pour sa famille, cette origine
illustre. Ses prétentions ne reposaient pas sur titres authentiques,
les papiers de famille ne remontant qu'à la 2ᵉ moitié du XVᵉ siècle, époque où les Beaucorps étaient établis en Dunois et portaient le titre d'écuyer. Il est impossible de dire s'il existait à ce
sujet une tradition de famille ; Guillaume de Beaucorps ne l'a
jamais affirmé ; il aimait seulement à rappeler, qu'étant officier
dans le régiment de M. de Goyon, comte de Gacé, mestre-de-camp,
et colonel du Roi-Cavalerie, il était traité par lui de parent, ainsi
que par son père, M. de Goyon-Matignon. Il ajoutait que cette
parenté remontait à Geoffroy de Beaucorps, l'un des champions
du combat des Trente.

Dans des souvenirs assez confus, rédigés en 1814 sur sa famille, le vieux Guillaume, alors âgé de 78 ans, raconte que Geoffroy de Beaucorps mourut quelque temps après le combat des
Trente, que le sire de Goyon, son camarade d'armes, lui avait
donné en mariage sa fille Jeanne, et qu'il avait été convenu, dans

(49) Canton de Callac, arr. de Guingamp.
(50) Pol de Courcy.
(51) Kerviler, *Bibliographie bretonne*, t. II.
(52) *Généalogie de la maison de Lanitvy* (1899), p. 98.
(53) Kerviler.

le contrat de mariage, que les deux noms chevaucheraient ensemble : Goyon de Beaucorps et Beaucorps de Goyon (les noms ajoute-t-il, se portent ainsi en Bretagne) (54). De cette union serait né un fils Geoffroy, marié à une Keranrais.

Cette version n'est pas conforme à celle que Guillaume de Beaucorps avait donnée avant la Révolution. Il prétendait alors, se basant sans doute sur la généalogie des Goyon, que le champion des Trente avait une fille Jeanne qu'il donna en mariage à un Goyon d'où sont sortis les Goyon de Beaucorps, mais il ajoutait, pour les besoins de sa cause, qu'il eut aussi un fils Geoffroy, lequel continua sa lignée. A cela on peut faire une sérieuse objection. Si Jeanne de Beaucorps avait eu un frère, en effet, elle n'aurait pas hérité du fief de Beaucorps, transmis par elle à la maison de Goyon. Les biens nobles, en Bretagne, comme ailleurs, étaient toujours attribués par préférence à la descendance masculine, et les filles ne pouvaient en hériter qu'à défaut d'héritiers mâles.

Aussi les généalogistes ne peuvent-ils affirmer que les Beaucorps de Saintonge descendaient en ligne directe du combattant des Trente, mais ils admirent assez facilement leur prétention de se rattacher à sa lignée. D'Hozier de Sérigny, qui publia vers le milieu du xviiie siècle l'Armorial général de France, ne la contesta pas. Après lui, elle fut acceptée par le généalogiste breton Pol de Courcy, auteur du nobiliaire et armorial de Bretagne (1845) et M. Bizeul, qui établit en 1852 une généalogie des Beaucorps.

M. de Courcy, dans son travail sur le combat des Trente, attribue à Geoffroy de Beaucorps les armes portées depuis le xvie siècle par les Beaucorps du Dunois et de Saintonge.

Cherchant à expliquer la transplantation des Beaucorps de Bretagne dans le Dunois, M. de Cornulier, le distingué généalogiste breton (55), l'attribuait à la défaite de Charles de Blois qui aurait entraîné la ruine de ses principaux partisans, et les aurait incités à chercher fortune dans un nouveau pays. Un grand nombre de familles bretonnes auraient pris le parti d'émigrer en France, où le crédit du connétable de Richemont aurait contribué à leur procurer des établissements avantageux. (Richemont était

(54) En 1874 Alexandrine de Beaucorps, marquise de Beaucorps, alors très âgée, écrivait à son cousin, le vicomte Octave, qu'elle se souvenait très bien d'avoir entendu dire que Geoffroy de Beaucorps était frère d'armes du Goyon du combat des Trente, et qu'après la bataille il lui donna sa fille. Ainsi que cela se pratiquait souvent dans l'ancien temps, ajoutait-elle, ils unirent leurs noms en se nommant Beaucorps de Goyon et Goyon de Beaucorps.

(55) Lettres du marquis Edouard de Beaucorps, 1872.

compagnon d'arme du bâtard d'Orléans qui possédait le Comté de Dunois). Cette hypothèse soulève une objection : pourquoi les Beaucorps, qui paraissent dans le Dunois seulement vers 1433, auraient-ils attendu si longtemps après la ruine de leur parti pour quitter la Bretagne ?

En somme, à défaut de certitude, l'origine bretonne des Beaucorps présente une grande vraisemblance. Le nom est peu répandu et ne se rencontre, avant le milieu du xv⁰ siècle, qu'en Bretagne. Le prénom de Geoffroy, porté par un fils de Guillaume, est le même que celui du combattant des Trente, et vers 1500, il y avait aussi un Guillaume parmi les Beaucorps de Bretagne. On sait la persistance des mêmes prénoms dans les mêmes lignées.

Ajoutons que le nom de Beaucorps apparaît dans le Dunois vers 1433, qu'il ne s'y rencontre jamais avant cette époque, ce qui fait supposer que cette famille n'était pas originaire du pays.

Les alliances Kéranrais et Tinténiac.

M. Bizeul, dans la Généalogie des Beaucorps établie en 1852, d'après les renseignements fournis par la famille, commence par Geoffroy de Beaucorps marié à Jeanne de Goyon lesquels auraient eu une fille, Jeanne, mariée à Alain de Goyon, et un fils, Geoffroy, qui aurait épousé une demoiselle de Keranrais.

Cette alliance avait été indiquée par Guillaume de l'Epineuil qui prétendait l'avoir vue mentionnée dans une généalogie ancienne qui se trouvait perdue. D'autre part M. d'Auriac, auteur de l'Armorial paru en 1857, affirmait que le contrat de mariage existait à la Bibliothèque de l'Arsenal dans les titres des Keranrais. Le marquis Edouard de Beaucorps le fit chercher sans succès, et de nouvelles investigations effectuées en 1887 dans les registres des anciennes réformations de Bretagne n'ont pas donné plus de résultats.

Le nom de Keranrais s'était trouvé associé à celui de Beaucorps à la bataille des Trente où deux Keranrais (l'oncle et le neveu dit la chanson) étaient au nombre des 20 écuyers français. Ils appartenaient à la branche cadette de cette maison dont le manoir patrimonial était en la paroisse de Plouaret (évêché de Tréguier). L'aîné était Bizien de Keranrais, dont la descendance s'est éteinte à la fin du xv⁰ siècle dans la famille de Montauban. Les Keranrais portaient, comme blason : Vairé d'argent et de gueule (56).

(56) Pol de Courcy, *Le Combat des Trente*, p. 42. — Comte René de Laigue, *l. c.*, p. 89-90.

M. Bizeul donne pour fils, à Geoffroy II, un 3ᵉ Geoffroy dont l'existence est aussi hypothétique que l'autre et prétend qu'il épousa une demoiselle de Tinténiac. Il dit que ces trois premiers degrés « se trouvent dans une généalogie imprimée anciennement en Saintonge et que l'on n'a pu retrouver ». Cette affirmation tout-à-fait invraisemblable émane sans doute de Guillaume de Beaucorps, et il ne faut pas lui attribuer de valeur. En réalité, le 2ᵉ et 3ᵉ degrés furent imaginés par les généalogistes du XVIIIᵉ siècle pour relier Guillaume de Beaucorps à Geoffroy du combat des Trente, et ils ont choisi arbitrairement les noms de leurs femmes parmi ceux qui figuraient à la fameuse bataille.

Il y avait là deux Tinténiac : Jean, chevalier, et son frère Alain, écuyer. Leur seigneurie se trouvait à 20 kilomètres de Dinan. Leurs armes étaient : d'argent à deux jumelles d'azur brisées d'une cotice de gueules (57).

(57) Voir Pol de Courcy, p. 40 ; de Laigue, p. 63 à 87.

CHAPITRE III

LES BEAUCORPS DANS LE DUNOIS

(xve ET xvie SIÈCLES)

Jusqu'à ces derniers temps, on ne connaissait aucune trace de la présence des Beaucorps dans le Dunois, avant le milieu du xve siècle ; le plus ancien document connu concernait Guillaume de Beaucorps et datait de 1454.

Mais M. l'abbé Augis, curé-doyen de Terminiers (Eure-et-Loir), auteur de travaux d'histoire locale sur le Dunois, a découvert dans d'anciennes minutes de notaires, un acte du 22 septembre 1433 par lequel Guillaume de Tueillières, éc., et Hennequin de Quieu reconnaissent avoir reçu de Michel Fournier (58), au nom de Jehan de Beaucorps, écuyer, la somme de 20 sous d'or pour l'échange d'un cheval et pour certaines dépenses faites pour le dit Jehan de Beaucorps « à sa délivrance de Dourdan » où il était prisonnier (59). D'après un autre acte du 27 septembre 1433 Jehan de Beaucorps était mort, et Jehannette sa femme demeurait à Janville.

Le fait d'avoir été emprisonné à Dourdan nous porte à croire que Jehan de Beaucorps était homme d'armes et qu'il prit part aux luttes de la guerre de cent ans.

Guillaume de Beaucorps (60).

Guillaume de Beaucorps, écuyer, qui vivait aux environs de Chateaudun dans la seconde moitié du xve siècle, est l'ancêtre direct de tous les Beaucorps actuels. C'est avec lui que commence la filiation suivie.

(58) Michel Fournier était receveur des deniers du roi, d'après un acte de 1454, dont nous parlons plus loin.

(59) Arch. d'Eure-et-Loir, E 2726.

(60) Les documents concernant Guillaume de Beaucorps et ses descendants en Dunois, proviennent des minutes notariales du Comté de Dunois. Les uns ont été relevés récemment aux archives d'Eure-et-Loir ; d'autres transcrits vers 1788 et collationnés par Claude Turquis, archiviste du Comté de Dunois.

En 1454 ce Guillaume de Beaucorps donnait quittance à Michel Fournier, receveur des deniers pour le roi, d'une somme de 40 livres tournois « pour ses gages ». A quel titre ce personnage, qualifié écuyer, pouvait-il bien émarger au trésor royal, si ce n'est comme homme de guerre ? La guerre de cent ans se terminait et on récompensait ceux qui avaient contribué à chasser l'envahisseur.

Amené sans doute dans le comté de Dunois par les hasards de la guerre, les Beaucorps s'y fixèrent. Guillaume épousa, peu avant 1454, *Agnès Baruière*, fille de Perrette de Esanville, dame d'Eteauville, remariée en secondes noces à Jehan Boujardière, dit le Bourguignon, dont elle avait plusieurs enfants.

Le nom de Baruière est inconnu dans la noblesse du Dunois, ce qui a fait supposer au généalogiste O'Gilvy que ce pouvait bien être une forme féminisée de Beruier, nom assez répandu. Il n'était pas rare en effet d'ajouter à certains noms une désinence féminine lorsqu'ils étaient portés par des femmes. Le père d'Agnès Baruière pouvait être étranger au pays avant son mariage avec la dame d'Eteauville.

Le fief *d'Esteauville* était situé sur la paroisse de Lutz en Dunois, à deux petites lieues à l'est de Châteaudun. Il comportait droit de colombier, ce qui suppose une certaine étendue de terres. N'ayant pas le traité de mariage entre Guillaume de Beaucorps et Agnès Baruière, nous ignorons si celle-ci reçut de sa mère en dot une partie des biens d'Eteauville dont elle jouissait avec Jehan Boujardière, son mari. Mais nous savons qu'elle possédait la métairie d'Eteauville (61), ainsi qu'un droit sur le colombier d'Eteauville. Le 23 mai 1454, à l'occasion de l'acquisition faite par Guillaume de Beaucorps et sa femme d'une maison couverte de chaume à Eteauville, les Boujardière leur rachetaient ce droit moyennant 10 livres tournois, somme qui devait être employée par eux à construire une volière à pigeons dans leur nouveau domaine (62).

Peu de temps après le 21 juillet 1454, Guillaume de Beaucorps faisait son *testament*. Il était d'usage, à cette époque, que les époux se fissent donation mutuelle de leurs biens peu de temps après leur mariage. Telle est la principale disposition de l'acte en question : Guillaume de Beaucorps et son épouse se donnent

---

(61) La métairie d'Eteauville était soumise à un droit de rachat envers les comtes de Dunois à cause du château de Chateaudun. Agnès Baruière négligea de le payer, et c'est seulement en 1489 qu'elle acquitta la somme de 10 livres tournois à titre de composition. (Archives d'Eure-et-Loir, E 2771.)

(62) Registre de Michel Juge, notaire à Châteaudun, Arch. d'Eure-et-Loir, E 2734.

l'un à l'autre tous les biens meubles et conquets qu'ils possèderont au jour de leur décès ; le survivant sera tenu, s'il y a des enfants, de les nourrir, les garçons jusqu'à ce qu'ils puissent gagner leur vie, et les filles jusqu'à leur mariage ; et s'il n'y a pas d'enfants, le survivant donnera tous les dits biens meubles et conquets qui resteront à son décès « pour Dieu et en omosne et les emploié en euvres de charité pour l'âme desdiz mariez et de tous leurs amis trespassez ». Ces dernières dispositions reflètent l'esprit qui régnait alors dans la société et inspirait tous les actes de la vie. Les sentiments chrétiens s'affirment dès le début du testament par la formule traditionnelle, par les recommandations et les dispositions qui suivent : « Premièrement il recommande son âme à Dieu, à la Vierge Marie, etc. Item veult et ordonne ses debtes être paiées et ses forfaiz amendez. Item donne et laisse à l'église Saint-François deux escus et demi pour dire des messes et deux escuz pour octaves et luminaire ; item à l'esglise de la Magdelaine 20 sous et 7 s. 6 deniers en luminaire ; item à l'église de Luz pour dire des messes, 40 s. et 15 s. pour octaves et luminaire ; item à l'église Saint-Estienne d'Yenville 40 s. et en luminaire 15 s. ; item à Nostre-Dame d'Estrée 40 s. et 15 s. en luminaire (63). »

Outre leur métairie d'Eteauville, Guillaume de Beaucorps et sa femme en possédaient une autre à Pruneville, paroisse de Bourneville, sur les confins du Dunois et de l'Orléanais. La première mention de ce fief de Pruneville se trouve dans un acte de constitution de rente du 9 juin 1476 ; les lieux, métairies, terres et appartenances d'Eteauville et de Pruneville sont donnés en garantie de la dite rente constituée par les époux Boujardière et de Beaucorps. Nous ignorons d'où et comment leur était échu ce fief de Pruneville, qui comprenait un modeste manoir où ils habitaient (64).

Guillaume de Beaucorps et sa femme eurent 6 enfants. Leur fille *Ysabeau* épousa, en 1477, Philibert de *Moillebert*, et elle reçut en dot de ses parents la terre et seigneurie *d'Arraz*, en la paroisse de Saint-Avit du Perche, moyennant toutefois une somme de 60 écus d'or à leur payer dans un délai de quatre ans, et une rente de 10 livres tournois à servir à sa grand'mère Perrine de Esanville, femme de Jehan Boujardière. Il est stipulé, dans le contrat, que si ladite Ysabeau vient à mourir sans enfants, la

(63) Registre de Michel Juge, notaire à Châteaudun. (Arch. d'Eure-et-Loir, E 2734.)

(64) Id., Arch. d'Eure-et-Loir, E 2748. Acte du 9 juin 1476. Pruneville est orthographié Premeville.

terre d'Arras fera retour à sa famille, son mari n'en gardant que l'usufruit (65).

En 1483 Perrine de Esanville vint à mourir, et il fut procédé alors par un notaire de Châteaudun (66) au partage de ses biens entre la fille de son premier mariage, Agnès Baruière, épouse de Guillaume de Beaucorps, et les quatre enfants qu'elle avait de son second mariage avec Jehan Boujardière : Michelet, Alardin, Denis et Guillemine mariée à Etienne Ratoillet.

Guillaume de Beaucorps et sa femme eurent pour leur part :

La moitié des terres assises au terroir *d'Esteauville*, la dite moitié comprenant le lieu et domaine de la Salle, tenu en fief du comte de Dunois ; la moitié des terres assises au Bois à la Dame, près de Fresne (paroisse d'Eteauville) ; la moitié du domaine de la Bretonnerie, à Eteauville, etc.

La seigneurie d'Arras, en la paroisse de St-Avit du Perche (67).

Le lieu de *la Sablonnière*, paroisse de Dampierre, près Brou (68).

La moitié d'une métairie assise à Moléans, et de toutes les terres, prés et bois compris dans la dite paroisse et dans celle de Saint-Christophe (69).

Le domaine des *Murgiers*, en la paroisse de Yèvres (70).

Etienne Ratoillet et sa femme eurent en partage une maison couverte de chaume, cour, jardin et colombier au fief de la Bretonnerie et plusieurs pièces de terre à Eteauville.

Tout le surplus des héritages délaissés par Perrine de Esanville ainsi que tous les biens devant échoir par le trépas de Jehan Boujardière, son mari, tant à Eteauville qu'ailleurs, constitua le lot des trois frères Boujardière.

D'après la part échue à Guillaume de Beaucorps et sa femme, il semble que celle-ci avait droit à la moitié de la fortune de sa mère représentée par la moitié de la terre et fief d'Eteauville et des biens de Moléans et Saint-Christophe, et que les autres domaines et seigneuries venaient de son père et n'avaient été possédées par sa mère qu'à titre d'usufruit. La seigneurie d'Arras et le domaine de la Sablonnière et des Murgiers appartiennent à la

(65) Minute de Jehan Prévost, not. à Châteaudun (9 août 1477). Arch. d'Eure-et-Loir, E 2749.

(66) Id., 23 fév. 1483 (n. st.). Arch. d'Eure-et-Loir, E 2762.

(67) Saint-Avit : Canton de Brou, arr. de Châteaudun.

(68) Dampierre-sous-Brou, canton de Brou, arr. de Châteaudun.

(69) Moléans et Saint-Christophe, canton de Châteaudun. Le 7 mai 1454 Guillaume et sa femme payaient un droit de rachat et profit de fief à Jehan Costé, marchand et tanneur à Châteaudun, pour 4 arpents de bois et un arpent de pré en la paroisse Saint-Christophe, relevant du domaine de la Mollière. (Jean Prévost, not. à Châteaudun. Arch. d'Eure-et-Loir, E 2.762).

(70) Yèvres, canton de Brou, arr. de Châteaudun.

même région des environs de Brou comprise dans le Perche-
Gouet.

A la suite du partage de 1483 une contestation s'éleva entre
les Beaucorps et les Boujardière au sujet de la jouissance de
certaines terres à Eteauville. Les clauses du conflit nous échap-
pent, mais nous en connaissons la suite tragique par les *lettres
de rémission* auxquelles nous empruntons les détails qui suivent.

Guillaume de Beaucorps habitait avec sa famille le logis de
Pruneville lorsqu'il vit arriver un beau jour son métayer d'Eteauville, Jehan Leguesdron, venant le prévenir que Michel et Alardin de Boujardière emportaient l'orge semée par lui en un
champ appelé « Au bois de la Dame » appartenant à Agnès Baruière. A cette nouvelle Jehan et Geffroy de Beaucorps, fils de
Guillaume, montent à cheval et franchissent rapidement les 4
ou 5 lieues qui séparent Pruneville du champ en question. Arri-
vés là, ils ne trouvent personne, mais ils constatent qu'une partie
de la récolte a été emportée. Ils descendent alors au lieu de Thion-
ville et se rendent à la grange des Boujardière où ils trouvent
leurs oncles Alardin et Michel. Une discussion éclate entre eux
et bientôt on en vient aux voies de fait : au cours de cette rixe
Alardin « alla de vie à trépas ». En ce temps de mœurs rudes,
et après une longue période de guerres où la noblesse avait pris
l'habitude de manier l'épée et de verser le sang, les querelles domestiques avaient souvent des dénouements tragiques ; mais les
meurtriers s'en tiraient généralement à bon compte en prétextant
qu'ils avaient été mis par leurs adversaires dans le cas de légitime défense ; et bien que la preuve fût difficile à établir, le Roi
octroyait facilement aux auteurs de ces meurtres soi-disant in-
volontaires des lettres de rémission. Les deux frères de Beaucorps,
leur méfait accompli, commencèrent par s'enfuir, puis ils solli-
citèrent des lettres de rémission. Elles leur furent accordées par
le roi Charles VIII en août 1484 (71). Il fallait pour les rendre
valides qu'elles fussent entérinées au baillage de Chartres, juridiction des délinquants, du consentement de la partie lésée.
Etienne Ratoillet, écuyer, beau-frère de la victime, consentit à
cette formalité et renonça à toute opposition moyennant que
Jehan de Beaucorps fit chanter et célébrer en l'église de Lutz 20
messes pour le repos de l'âme de sa victime (72).

Nous ignorons quand mourut Guillaume de Beaucorps. Il vivait encore en 1489, comme le prouve un acte du 5 juillet con-

(71) Archives nationales. Reg. GC xi — JJ 211.
(72) Jean Prévôt, not. à Châteaudun, 30 avril 1485. (Archives d'Eure-et-
Loir. E 2.765.)

cernant la seigneurie d'Arras. Dans une autre pièce, du 31 décembre 1494, sa femme est qualifiée veuve (73) ; la date de sa mort ne nous est pas connue.

Guillaume de Beaucorps et sa femme avaient eu au moins 6 enfants, deux filles et 4 fils.

L'une des filles, Ysabeau, épousa, nous l'avons vu, en 1477, *Philibert de Moillebert*, ou Mouillebert, l'autre fut mariée à *Pierre Allart*, écuyer, lequel, dans un acte de 1490, se donne comme gendre et procureur de Guillaume de Beaucorps.

Quant aux fils, *Jean*, supposé l'aîné, ne nous est connu que par le meurtre d'Alardin de Boujardière. Peut-être à la suite de son méfait prit-il le parti de quitter le pays et de se fixer ailleurs. Peut-être faut-il l'identifier avec un Jean de Beaucorps, écuyer, qui le 3 juin 1494 avouait tenir à hommage simple, du château de Wastre, sa maison et hébergement de *Doulces*, paroisse de Pouzay, en Touraine (74).

Un autre fils, *Bastian*, figure avec son beau-frère Pierre Allart, dans un bail de la métairie d'Eteauville consenti par eux le 22 février 1498 (75).

La descendance de Guillaume se continua en Dunois par ses deux fils Geoffroy et Guillaume.

A) — Geoffroy de Beaucorps et sa descendance
(Pruneville)

Geoffroy de Beaucorps, écuyer, est dit frère de Guillaume et qualifié seigneur de Pruneville dans un acte de vente d'une rente assise sur la métairie de Mytouche, par d'Yèvres, provenant de la succession d'Agnès Baruière, sa grand'mère (16 mars 1505) (76), et dans une transaction du 6 septembre 1520, concernant son frère Guillaume.

D'après M. d'Auriac il aurait épousé une demoiselle de *Rousselet* (77). Cette alliance serait indiquée dans un acte de partage

(73) Arch. d'Eure-et-Loir, E 2771-2782.

(74) Pouzay, commune du canton de Sainte-Maure (Indre-et-Loire). Dom VILLEVIEILLE, *Trésor généalogique*, t. x. (Bibl. nat., Cabinet des titres, vol. 114.)

(75) Renaud Le Fèvre, not. à Châteaudun. (Arch. d'Eure-et-Loir, E 2800.)

(76) Costé, not. à Châteaudun. Copie aux Arch. du comte de Beaucorps-Créquy.

(77) Il existait au xvıᵉ siècle, dans le Vendômois, une famille de Rousselet, dont le chanoine Hubert fait remonter la filiation à Jean de Rousselet, notaire et secrétaire du Roi. Ses armes étaient : D'or au poirier de sinople fruité d'or et terrassé de sinople. (*Généalogies de Hubert*, t. ıv, p. 228.)

entre Jean, Louis et Marie, enfants de Geoffroy, daté du 10 septembre 1548, lequel serait perdu.

1º Jean de Beaucorps, éc., sgr de Pruneville.

D'après une pièce de 1540, Jean de Beaucorps était seigneur de Pruneville conjointement avec son frère Louis. A cette époque, il était marié à *Jeanne Le Mareschal*, fille de feu Pierre, éc., sgr de Chambine. Orpheline de père et de mère, Jeanne avait eu pour tuteur son oncle Mathurin Le Mareschal, éc., sgr de Lorville, paroisse de Prunay-le-Gillon. Le 21 avril 1540, Jean de Beaucorps transigeait avec lui au sujet de cette tutelle et des biens provenant des parents de sa femme (78).

Du fait de son mariage Jean de Beaucorps était seigneur de *Lorville*. A ce titre il rendait hommage en 1542 à Jacques de Montigny, chev., sgr du Fresne; à cause de la seigneurie d'Auffains : il reconnait devoir à son suzerain, outre la foi et hommage simple, un cheval de service (79).

En 1548 il rendait aveu pour le fief de *Guillonville*.

Les traditions de famille acceptées par les généalogistes veulent que Jean de Beaucorps ait perdu la vie au siège de Saint-Jean-d'Angély en 1565, 67 ou 69 (80). En réalité, il mourut beaucoup plus tôt, puisque, le 4 janvier 1554, sa veuve était déclarée, par décret rendu au baillage d'Orléans, adjudicataire de la terre de Pruneville.

Par un échange avec François des Mauchins, sgr de Pommay, elle avait acquis la seigneurie de Bercis dont les possesseurs avaient droit de haute justice sur la paroisse de Sancheville et en étaient seigneurs (81).

Le 16 août 1571, elle rendait hommage pour Guillonville.

La succession de Jean fut partagée le 19 novembre 1578 entre son fils *Antoine*, le seul survivant, son aîné *Jean* étant mort sans alliance, et sa fille *Anne*, veuve de *Gaspard de Saint-Rémy*, éc.,

---

(78) *Mémoires du Prieur de Mondonville*, t. VI, p. 564.

(79) Arch. du vicomte Henry de Beaucorps.

(80) Guillaume de B. de l'Epineuil prétendait que son ancêtre Jean avait commandé cent hommes d'armes au premier siège de Saint-Jean-d'Angély et y aurait perdu la vie. D'après M. de RICHEMOND, *La France protestante*, ce serait en 1567. Beauchet-Filleau donne la date de 1565.

(81) Abbé BORDAS, *Histoire sommaire du Dunois*, t. II, p. 186. L'échange en question, qui avait été passé par devant Thomas Fallou, not. à Guillonville, est indiqué dans un acte du 22 sept. 1560. (Arch. d'Eure-et-Loir, E 3.776.) Bercis est un hameau de la commune de Sancheville, canton de Bonneval.

sgr de Blainville (82). Celle-ci mourut avant le 11 septembre 1606. Quant à Antoine, il quitta le Dunois pour se fixer en Saintonge où il fit souche. Nous en parlerons plus loin.

2° **Louis de Beaucorps, éc., sgr de Pruneville.**

Il dut se marier deux fois. La première fois vers 1520 ou 1525 avec Radegonde de Bérou. A cause de celle-ci il produisait en 1540 une déclaration pour un manoir avec four et 28 septiers de terre à Thivars, tenu en fief de noble homme Jehan Gruel, éc., sgr de la Ferté, à cause de sa seigneurie de Thivars (83).

De cette union serait né un fils *Guillaume*, éc., sgr de Pruneville, qui épousa par contrat du 15 novembre 1559 *Yolande le Gabilleux*, fille de Léger, éc., sgr de la Brossardière, et d'Anne de Treuillard. Suivant la coutume du pays chartrain, Guillaume constitua en faveur de sa future épouse un douaire sur tous ses biens présents et à venir de père et de mère (84).

Ce Beaucorps parait bien être le même qu'un certain Guillaume, éc., sgr de Pruneville, que nous voyons, le 10 mars 1545, constituer à son filleul une dot de cléricature pour lui permettre d'entrer dans les ordres. Il fallait, en effet, à cette époque, pour être admis à la prêtrise, posséder un certain revenu ou constituer un bénéfice qui entrait dans le patrimoine de l'église. Or Guillaume de Beaucorps avait un filleul nommé Mathurin Linget (85) qui désirait se faire prêtre et ne possédait aucun bien personnel. Par acte passé devant Etienne Mollard, tabellion de la châtellenie de la Brosse, il lui donne un bien qu'il possédait à Eteauville, tant par succession de son père que par acquêt, comprenant une maison avec colombier, jardin et vigne, au bourg d'Eteauville, et un muid de terre appelé la Coquillée, le tout tenant à lui-même et à ses cousins d'Eteauville. Cette donation est faite « affin que ledit donataire soit pourveu ès ordres de prestrize par monseigneur l'évesque de Chartres ou ses vicaires commis et députez

---

(82) Partage réalisé par devant Giraud, not. à Guillonville, (preuves de Malte). Il avait été précédé d'un échange fait le 15 nov. 1578 entre Antoine de Beaucorps et sa mère au sujet de la tierce partie de la seigneurie de Puisert.

(83) *Mémoires du Prieur de Mondonville*, t. v, p. 310.

(84) Houssart, notaire, arch. du marquis de Beaucorps.

(85) Il appartenait à une famille de métayers dont deux membres, Denis et Jehan Linget, prenaient bail en 1546 et 1547 des métairies situées à Civry appartenant aux frères et sœurs de Guillaume.

pour prier Dieu pour luy et à son intencion et pour en jouir et l'exploiter dès maintenant, sa vie durant, ou jusques à ce qu'il soit pourveu de béneffice en l'Eglise valant en revenu la somme de trente livres ou plus ». Le donateur se réserve donc le droit de reprendre les biens donnés le jour où son filleul sera pourvu d'un revenu suffisant, mais si ce droit n'est pas exercé, si aucun accord n'intervient à ce sujet, ils seront réunis au domaine de l'évêque de Chartres qui en disposera, comme bon lui semblera (86).

D'autres documents nous montrent Guillaume de Beaucorps sous un jour bien différent, engagé dans un fâcheux procès. C'est sa sœur Guillemine, veuve de *Jacques de Launay*, demeurant à Pruneville, qui le poursuit, tant en son nom qu'au nom de ses enfants devant le prévôt des maréchaux du comté de Dunois, pour avoir causé la mort de son mari en lui donnant un coup de pied au cours d'une querelle qui avait éclaté entre eux. Guillaume de Beaucorps, comme jadis son grand-oncle, prétendait ne s'être livré aux voies de fait que pour se défendre. Parents et amis s'entremirent et obtinrent un accord qui fut conclu le 19 janvier 1559 par devant notaire. Le prétendu meurtrier abandonnait à la veuve de la victime, à titre de compensation, ainsi qu'à Jacques et Jeanne de Beaucorps, leur frère et sœur, les droits qu'il avait sur une maison, sise à Pruneville, appelée la *Boissellerie*, où demeurait Guillemine de Launay. Il donnait en outre à celle-ci une indemnité évaluée 20 écus d'or soleil, partie en meubles, partie en or, le surplus représenté par une obligation. Moyennant quoi la dame de Launay déclarait renoncer à toutes poursuites et contraintes, et les parties promettaient « ne s'entremeffaire, ne mesdire, en corps, bien, ni famille, en aulcune manière que soit » (87).

C'était la paix rétablie dans la famille, mais il restait un recours à exercer contre les prétendus complices de Guillaume de Beaucorps. La dame de Launay avait impliqué dans ses poursuites un certain *Jehan Boullin*, écuyer, s^r de Bremende, sous prétexte qu'il avait été présent à la scène où son mari fut malmené. Lui prétendait n'avoir été pour rien dans l'agression contre Jacques de Launay et ne devoir aucune réparation ; les parties étaient sur le point de s'engager dans de coûteuses procédures lorsque Boullin, par l'entremise de François des Mauchins, sgr de Pommay, consentit à payer à la veuve de Launay 10 écus d'or soleil et 6

(86) Arch. d'Eure-et-Loir, E 3775.
(87) Minute de Jehan Johannet. Arch. d'Eure-et-Loir, E 3776.

septiers de blé, mesure de Patay, pour qu'elle se désistât de tout recours contre lui (88).

Louis de Beaucorps devenu veuf de Radegonde de Bérou, mère de Guillaume, et peut-être de Guillaumine, s'était remarié avec *Jehanne de la Forest*, fille de Pierre, éc., et de Ysabeau Autier (89). Les la Forest étaient tout proches voisins des Beaucorps d'Eteauville, puisqu'ils étaient seigneurs de Saugeville dans la paroisse même où ils résidaient. Une sœur de Jeanne avait épousé, nous le verrons plus loin, un oncle de Louis de Beaucorps.

Jeanne de la Forest mourut encore jeune laissant plusieurs enfants mineurs sous la tutelle de leur père. Comme tuteur de ses enfants Louis de Beaucorps passa plusieurs actes entre 1544 et 1547 (90).

En 1544, partage avec son beau-frère Jean de Courville, mari de Marguerite de la Forest, des biens provenant de la succession de Pierre de la Forest.

En 1546 et 1547 baux de deux manoirs et métairies, terres labourables et vignes du bien de Civry, dont une partie provient d'un partage avec le seigneur de Cinq-Ormes et une autre partie d'acquisition. Cette seigneurie de Civry provenait des la Forest.

En 1547 partage avec Fiacre de Gourraud, sgr de Cinq-Ormes et Esme de Serville, sa femme, d'un bois taillis au même lieu de Civry, près du chemin de Nobleville.

De son second mariage, Louis de Beaucorps avait eu un fils Jacques et une fille Jacqueline.

Celle-ci épousa *Thomas du Bruet*, sgr de Maurebert, dont elle eut une fille qui épousa Jean de Heurtaumont.

Quant à Jacques il figure dans plusieurs actes où il est qualifié sgr de Pruneville. En particulier il participe, le 22 avril 1550, à la nomination du tuteur de Catherine de Varenne à titre de parent du côté paternel (91).

Il épousa, par contrat du 2 septembre 1567, *Louise du Fresne*, dont le père était seigneur d'une petite gentilhommière en la paroisse de Lutz, proche d'Eteauville, et la mère était Jeanne de Varenne (92). Il ne laissa pas de postérité puisque sa nièce Françoise de Bruet, mariée à Jean de Heurtaumont, est qualifiée de

(88) Minute de Jean Johannet, 23 juin 1559. Arch. d'Eure-et-Loir, E 3776.

(89) Les armes de la Forest étaient : d'azur à trois croissants d'or. Voir leur généalogie dans le *Chanoine Hubert*, (t. III, p. 104) depuis Guillaume, qui vivait dans la première moitié du XVe siècle, jusqu'à René, éc., sgr de Saugeville, qui se maria en 1649.

(90) Arch. d'Eure-et-Loir, E 3775.

(91) *Mémoires du Prieur de Mondonville*, t. IV, p. 87.

(92) Louis Hoyau, notaire à Bonneval. Arch. du marquis de Beaucorps.

seule et unique héritière dans une transaction passée le 11 mai
1592 avec sa veuve.

B) — Guillaume II de Beaucorps et sa descendance
(Eteauville)

Guillaume, l'un des fils de Guillaume et d'Agnès Baruière, paraît avoir recueilli de la succession de ses parents la majeure
partie de leurs biens d'Eteauville. Le mariage qu'il contracta en
1505 contribua à le fixer dans ce coin du Dunois. La seigneurie
d'Eteauville relevait féodalement de celle de *Saugeville,* située
dans la même paroisse de Lutz, et possédée par la famille de
la Forest. Aux rapports de vasselage et de voisinage qui rapprochaient les deux maisons, s'ajouta bientôt un lien plus étroit
par le mariage de Guillaume de Beaucorps avec *Blanche de la
Forest*, fille de feu Pierre, éc., sgr de Spoy et de Civry, et
d'Ysabel Autier. Le traité de mariage fut passé le 28 décembre
1505 à Saugeville en présence d'Ysabelle Autier, de François de la
Forest, frère de la future épouse, et de Jehan de la Forest. La
veuve de Pierre de la Forest donnait en dot à sa fille, « bien
vêtue et entroussélée selon son estat », une somme de cent livres
tournois, et lui promettait quatre muids de grains, mesure de
Châteaudun, à prendre chaque année en sa métairie de Civry,
jusqu'à son décès ; François de la Forest s'engage à remettre à
sa sœur, lors du décès de leur mère, la somme de quatre cents
livres, pour sa part dans la succession de leurs parents, y compris les cent livres reçues par elle en dot, dont Guillaume remboursera 60 livres en cas de décès de sa femme. Et si, au contraire, la future épouse survit à son mari, elle aura un douaire
de 20 livres tournois de rente à prendre sur les biens de celui-
ci (93). En 1520 Guillaume de Beaucorps eut une contestation
avec Jacques Acarie, sgr de Nuisemont, à cause d'un mur que
celui-ci voulait faire édifier tout près de la maison de son voisin
et qui devait en masquer la vue. Guillaume de Beaucorps s'y opposait, prétendant avoir un droit d'échelle autour de sa maison.
Plusieurs de leurs amis ou voisins s'entremirent, et une transaction fut conclue le 6 septembre 1520. (Thomas Barville, not.
à Châteaudun. Arch du comte de Beaucorps-Créquy. Copie.)
Guillaume de Beaucorps mourut avant sa femme. Celle-ci était

(93) Oudin Costé, notaire à Châteaudun. Arch. d'Eure-et-Loir, E 2833. Arch.
du marquis de Beaucorps.

veuve lorsqu'elle recueillit en 1529 la succession de ses parents. Elle vivait encore en 1542. Nous lui connaissons deux filles, Charlotte et Françoise, et un fils, Jacques (94).

Charlotte épousa le 19 décembre 1541 *Nicolas Leviston*, éc., sgr de Suré (ou Suray), près Mamers. Suivant une clause de son contrat de mariage, laquelle avait pour objet d'empêcher le morcellement du patrimoine de famille, elle abandonna à son frère Jacques, par contrat du 12 mars 1542, tout ce qui lui revenait de la succession de son père et devait lui échoir à la mort de sa mère, moyennant 430 livres tournois (95).

Françoise épousa par contrat du 30 avril 1544 *Jehan de Villeneufve*, éc., sgr de Cuquetalle, fils de Jehan, sgr des Bordes, et de Marguerite de Montdoubert (96).

Quant à *Jacques* il ne paraît pas avoir eu d'enfants de son mariage avec Jeanne du Fresne. En 1540 il était archer dans la compagnie du s^r de Richelieu, en 1544 un des 50 hommes d'armes des ordonnances du Roi commandés par M. de Rothelin, en 1566 il est encore homme d'armes.

Il habitait à Eteauville, en la paroisse de Lutz, et en cette qualité il comparut, en 1561, à une transaction entre René du Fresne (qui devait être parent de sa femme) et une demoiselle Suzanne Gaston au sujet des droits de préséance et d'un banc en l'église de Lutz.

En 1523, par un acte de donation entre vifs, daté du 28 juillet, Jacques de Beaucorps avait recueilli tous les biens meubles de son oncle Geoffroy de la Forest.

Outre les terres d'Eteauville, pour lesquelles il rendait hommage le 30 mars 1561 au comte de Dunois, il possédait du fait de son père la seigneurie des *Murgiers*, paroisse d'Yèvres, près de Brou, tenue en fief de François de Montigny et relevant de la seigneurie de la Dousthe (97).

Dans un hommage qui lui fut rendu en 1551, par le prieur de Châteaudun, pour un arpent de pré, paroisse Saint-Jean de la Chaîne, il est qualifié seigneur du fief *d'Auron*.

Il vivait encore en 1565.

---

(94) D'après Pierre de Beaucorps, qui vivait vers 1625, son arrière-grand-oncle Guillaume aurait eu un fils et trois filles mariées aux seigneurs de la Prévotière, de la Coudraye et de Leviston.

(95) Thomas Barville, not. à Châteaudun. Arch. d'Eure-et-Loir, E 2924.

D'après le chanoine Hubert, Nicolas Leviston était fils aîné de David Leviston, gentilhomme écossais entré au service du roi de France, et lieutenant de la garde écossaise. Il avait un frère puîné, Jean, qui épousa Anne de Beaucorps.

(96) *Mémoires du Prieur de Mondonville*, t. IV, p. 307.

(97) Id., t. v, p. 288 et 348.

Principales seigneuries des Beaucorps dans le Dunois.

Eteauville (par. de Lutz).

Eteauville est aujourd'hui un hameau de la commune de Lutz, en Dunois, situé à 8 kil. à l'est de Châteaudun, à proximité de la route de cette ville à **Toury**.

Cette seigneurie appartenait dans la première moitié du xv° siècle à Perrine de Esanville, mariée en premières noces à un Baruère et en secondes noces à Jehan Boujardière. La fille qu'elle avait eue de son premier mari épousa avant 1454 Guillaume de Beaucorps ; elle reçut, nous l'avons vu, à cette occasion, le droit à la moitié du profit du colombier d'Eteauville ; mais elle le céda en 1454 à Jehan Boujardière, son beau-père. Les Beaucorps achetèrent la même année une métairie à Eteauville et y firent édifier un pigeonnier. C'est là, vraisemblablement, qu'ils habitaient. D'après un bail de 1482 cette métairie contenait 11 à 12 muids de terre. La garenne et la vigne étaient réservées par les bailleurs (1498).

Le 1ᵉʳ mars 1457 (n. st.) leurs beaux-parents leur abandonnaient deux masures à Eteauville qui leur avaient été laissées pour acquitter le cens, et déclaraient qu'ils n'auraient pas à payer les cens. (Michel Juge, not. à Châteaudun. Arch. du comte de Beaucorps-Créquy, copie).

A la mort de Perrine de Esanville (1483) la seigneurie et le domaine d'Eteauville furent partagés entre les Beaucorps et les Boujardière.

Lorsque mourut Agnès Baruère un nouveau partage fut effectué. Une des métairies fut attribuée à son fils Bastian et à sa fille mariée à Pierre Allart. Les deux beaux-frères affermaient ce domaine le 22 février 1458 (n. st.) (98).

Une autre partie passa à Geoffroy, en particulier une maison avec colombier, cour, jardin et vigne, au bourg d'Eteauville, ainsi qu'une certaine étendue de terres qui feront l'objet de la donation consentie en 1545 par son petit-fils Guillaume.

Enfin Guillaume, qui épousa Blanche de la Forest, eut aussi sa part des biens d'Eteauville et y habita ainsi que son fils Jacques. Celui-ci racheta à sa sœur sa part d'héritage. Le 30 mars 1561 il rendait hommage au comte de Dunois pour 8 à 9 muids de terre au terroir d'Eteauville. A sa mort ses biens durent pas-

(98) Renaud Le Ferré, not. à Châteaudun. Arch. d'Eure-et-Loir, E 2800.

scr à son cousin Jean, comme l'indique le recueil des aveux rendus en 1586 au comte de Dunois (99).

Arraz (par. de Saint-Avit du Perche).

La terre et seigneurie d'Arraz fut apportée à Guillaume de Beaucorps par sa femme Agnès Baruère. Elle fut par eux donnée en dot à leur fille Isabeau à l'occasion de son mariage avec Philibert de Mouillebert ; le contrat du 9 août 1477 indique qu' « elle se comporte et poursuit en places, court, jardins, boys, buissons, vassours et revevassours, terres labourables et non labourables » (100).

Le partage des biens de Perrine d'Esanville, mère de la dame de Beaucorps (23 février 1484) confirme à celle-ci la possession de la seigneurie d'Arraz. Il n'indique pas qu'il y eut en ce lieu un château ou manoir quelconque ; mais, peu d'années après, la comtesse de Dunois reconnaissait devoir à la dame d'Arraz un droit de rachat pour un moulin « assis soulz le chastel » acquis par ses parents (101).

Pruneville (par. de Bourneville) (102).

C'était une petite seigneurie de la paroisse de Bourneville. Cette paroisse fut supprimée à la Révolution et réunie à Guillonville. Pruneville est actuellement un hameau de cette commune.

C'est dans une pièce du 9 juin 1476 que le nom de Beaucorps est associé pour la première fois à celui de Pruneville : il s'agit d'une reconnaissance de vente due par les Boujardière et les Beaucorps et assise sur les métairies d'Eteauville et de Pruneville. Ces deux domaines avaient une même origine. Il y avait à Pruneville un manoir où Guillaume habitait avec sa femme ; après eux ce fut leur fils Geoffroy qui s'y attacha tandis que Guillaume se fixa à Eteauville.

Jean et Louis de Beaucorps, fils de Geoffroy, sont l'un et l'autre qualifiés sgrs de Pruneville ; leurs armes étaient sculptées sur une cheminée du manoir de famille qui se voyait encore dans la première moitié du XVIᵉ siècle, mais dont il ne reste plus trace aujourd'hui.

---

(99) Arch. nat., Q 495, fᵒ 61.
(100) Arch. d'Eure-et-Loir, E 2749.
(101) Jean Prévost, not. à Châteaudun. Arch. d'Eure-et-Loir, E 2771.
(102) Dans les actes du XVIᵉ siècle ce nom est orthographié : Preneville ou Preuneville.

Un acte de 1559 mentionne une maison appelée la Boissellerie qui appartenait aux enfants de Louis de Beaucorps et où demeurait Guillemine, veuve de Jacques de Launay.

Un hommage fut rendu le 2 septembre 1565 à un sgr de Beauvilliers par demoiselle Emery de Beaucorps pour la seigneurie de Pruneville.

En 1576 et 1586 Jacques prêtait foi et hommage pour Pruneville (103). Il semble qu'une partie du fief relevait de la seigneurie de Bazoches en Dunois, et une autre de celle de Gondreville (104).

Vers la fin du XVIᵉ siècle, lorsque les Beaucorps émigrèrent en Saintonge, Pruneville fut vendu à M. *Bigot,* notaire et secrétaire de la maison et couronne de France, demeurant à Paris (105).

Guillonville.

Guillonville est actuellement une commune du canton d'Orgères, située sur les confins de l'Eure-et-Loir et du Loiret, entre Orgères (8 kilom.) et **Patay**.

L'abbaye de Saint-Florentin de Bonneval avait, avant la Révolution, la seigneurie de cette paroisse, comportant droit de haute justice. D'après l'abbé Bordas (*Hist. sommaire du Dunois*) (106) la famille Bouteiller, qui possédait cette seigneurie, aurait cédé ses droits aux religieux de Bonneval aux XIIᵉ ou XIIIᵉ siècles. Le bourg se serait soumis de lui-même à la justice que les religieux exerçaient à Baignolet ; quant aux vassaux, ils étaient justiciables de Janville.

Nous ne voyons pas pour quelle raison à l'origine les Beaucorps se qualifièrent seigneurs de Guillonville. Le premier qui prend ce titre est Jean, fils de Geoffroy : le 27 juin 1548 il rendait hommage en cette qualité à Jean Naste, Jean et Etienne Marchand, d'Orléans ; sa veuve s'acquitta du même devoir le 16 août 1571 envers Nicolas et Etienne Marchand pour le « manoir » de Guillonville (107).

En 1572 Antoine de Beaucorps, fils de Jean, bien que fixé en Saintonge, achetait des terres et des moulins à vent à Guillonville. En 1578 il partageait avec sa sœur l'héritage de leur père (108),

(103) Arch. du marquis de Beaucorps.
(104) *Mémoires du Prieur de Mondonville,* t. IV, p. 321.
(105) Dans une note écrite vers 1620 Henri de Beaucorps dit que Pruneville est possédé par M. Bigot, qui a beaucoup de titres des Beaucorps.
(106) T. II, p. 88-89.
(107) Pierre Girault, notaire à Guillonville. **Arch. du marquis de Beaucorps.** — Collection Chérin.
(108) Id.

et lorsque celle-ci, veuve de Gaspard de Saint-Rémy, vint à mourir, le bien lui revint en entier (11 septembre 1606).

Bientôt après Antoine de Beaucorps abandonnait à un nommé Jollivet, procureur à Orléans, la maison de Guillonville et la moitié de l'enclos qui en dépendait pour se libérer d'un devoir de vasselage qui n'avait pas été rendu et autres frais dus au dit Jollivet. L'autre moitié de l'enclos relevait d'un autre fief, peut-être celui de Villepion.

Il restait encore à Antoine 25 ou 26 mines de terre. Vers 1613 il donna procuration à un nommé Varro pour administrer ce bien et même pour le vendre, n'étant pas en mesure, vu l'éloignement, de s'en occuper lui-même. Ce mandataire le vendit vers 1618 à son beau-frère pour un prix minime (109). La vente paraît avoir été annulée et, en 1667, Joachim de Beaucorps rendait encore hommage pour sa terre de Guillonville. Son fils Charles fut le dernier à porter le titre de seigneur de Guillonville. C'est lui, sans doute, qui vendit ce qui restait de cette propriété de famille.

Vers le milieu du XVIIIe siècle une famille *Fleureau* en portait le nom. En 1761 ou 62 un de ses membres, président du bureau des finances d'Orléans, vendit sa seigneurie à M. Ragouleau, trésorier de France à Chartres, qui acheta en outre le droit de haute justice sur la paroisse. Il ne laissa qu'une fille mariée au marquis de Saint-Affrique, capitaine de dragons, laquelle était veuve en 1787 (110).

Il n'existe plus à Guillonville aucun château ou habitation ancienne. Une ferme, dite du Château, qui brûla en 1887, avait quelques parties pouvant remonter au début du XVIIIe siècle et les champs qui l'avoisinaient s'appellent encore le parc (111).

---

(109) Note écrite par Henri de Beaucorps, après la mort de son père (vers 1620).

(110) Note de Pierre-Louis de Beaucorps. — BORDAS, *Histoire du Dunois*, t. II, p. 89.

(111) Communication de M. l'abbé Sainsot, curé de Guillonville.

CHAPITRE IV

LES BEAUCORPS EN SAINTONGE

(XVIIe – XVIIIe SIÈCLES)

Antoine de Beaucorps (IVe degré).

D'après la généalogie de M. Bizeul, Jean de Beaucorps, qui vivait dans le Dunois, aurait embrassé la réforme et se serait retiré en Saintonge vers 1548. Nous ignorons si ce fut pour cause de religion que les Beaucorps quittèrent le Dunois pour se fixer dans une province éloignée. La réforme avait fait de nombreux adeptes dans la région de Châteaudun et il n'y a pas lieu de supposer, qu'ayant adopté la doctrine nouvelle, les Beaucorps, ou au moins l'un d'entre eux, aient été de ce fait amenés à émigrer dans une autre province.

Mais si la réforme ne fut pas cause de leur transplantation en Saintonge, elle paraît, au moins, en avoir fourni l'occasion.

Cela semble résulter des deux plus anciens documents attestant la présence d'un Beaucorps en Saintonge. L'un est une procuration donnée par Antoine de Beaucorps, sgr de Guillonville, à Isabeau de Sainte-Hermine, sa femme, demeurant à Château-Bardon, le 26 mars 1571 (112).

L'autre un certificat daté du 20 juillet de la même année attestant qu'Antoine de Beaucorps est un des cent hommes d'armes des ordonnances du roi, dont François de Maraffin, chev., sgr de Guerchy, est enseigne, sous le commandement de Gaspard de Coligny, amiral de France (113).

En rapprochant ces deux textes nous sommes amenés à supposer qu'Antoine de Beaucorps, homme d'armes dans les troupes de Coligny, amené par les hasards de la guerre dans la Saintonge où les armées catholiques et protestantes se trouvaient aux prises, y fit la connaissance d'une demoiselle de Sainte-Hermine

(112) Arch. du marquis de Beaucorps.
(113) Preuves de Malte, pièce 25.

qu'il épousa, et que cette alliance eut pour conséquence de le fixer dans le pays, lui et ses descendants.

D'après la pièce citée plus haut, le mariage fut contracté le 25 janvier 1571 par devant Armand de Mondeux, notaire à Bordeaux. Il fut suivi, comme c'était l'usage, de donation mutuelle.

Les *Sainte-Hermine* étaient une maison d'ancienne chevalerie originaire de l'Aunis ; elle tenait une place importante dans le pays. Jean de Sainte-Hermine, un des chefs calvinistes nommé en 1567 par le prince de Condé, gouverneur du Poitou, de l'Aunis et de la Saintonge, se rendit maître de la Rochelle, en chassa le gouverneur Chabot de Jarnac, y attira les gentilshommes protestants de la province, et en fit le quartier général des réformés jusqu'à la paix de Longjumeau (mars 1538) qui mit fin à ses menées et le força à rendre la place à Chabot de Jarnac.

Quel lien de parenté pouvait-il exister entre Isabeau de Sainte-Hermine et ce chef protestant ? Nous l'ignorons, ne pouvant la rattacher à aucune des nombreuses branches de cette maison dont la généalogie a été publiée dans le dictionnaire des familles du Poitou de Beauchet-Filleau (114), et dans l'histoire du Château d'Ardenne, de l'abbé Tricoire.

Isabeau de Sainte-Hermine était, lorsqu'elle épousa Antoine de Beaucorps, veuve de Jean *Poussard*, sgr de Château-Bardon, et dame de ce lieu, que nous n'avons pas réussi à identifier. Les Poussard, appartenant à une maison noble du Poitou, formèrent au XVIᵉ siècle en Saintonge plusieurs branches, entre autres celle du Haut et du Bas-Vandré, deux seigneuries de la paroisse du même nom, au sud de Surgères (115). C'est probablement à cette branche, habitant le pays où se fixèrent les Beaucorps, qu'appartenait le premier mari d'Isabeau de Sainte-Hermine.

Dans cette même région devait se trouver le logis noble de *Château-Bardon* où Antoine de Beaucorps et sa femme habitaient en 1571 (116). Après le décès de celle-ci, morte, dit-on, en couches, après avoir donné le jour à un enfant qui ne vécut pas, il fut vendu (117).

D'ailleurs Antoine de Beaucorps, mêlé aux guerres religieuses

(114) Première édition, t. II, p. 656. Voir aussi DELAYANT, *Histoire du département de Charente-Inférieure*, p. 179-180. Les armes des Sainte-Hermine sont : d'hermine plein.

(115) BEAUCHET-FILLEAU, 1ʳᵉ éd., t. II, p. 546-550. — *Frédéric-Armand-Eléonore d'Olbreuse, duchesse de Brunswick, les Poussard et Vandré*. Rochefort, 1908. A la fin du XVIIᵉ siècle, le Haut-Vandré passa aux du Fay qui s'allièrent deux fois aux Beaucorps.

(116) Procuration passée le 26 mars 1571, par devant Gouault, not. royal à Saintes. Arch. du marquis de Beaucorps.

(117) Transaction au sujet de cette vente avec Jeanne de Montmorency, dame de la Trémoille, 14 déc. 1584. Arch. du marquis de Beaucorps.

qui ensanglantèrent et dévastèrent la Saintonge à la fin du XVI° siècle, ne put vivre à son foyer que dans l'intervalle de ses campagnes.

D'après Guillaume de Beaucorps de l'Epineuil (qui n'indique pas la source de ce renseignement), son ancêtre Antoine aurait pris part au siège de Saint-Jean-d'Angély : c'est là qu'il aurait connu M¹¹ᵉ de Sainte-Hermine qui devint sa femme. Il s'agit probablement du second siège de cette place investie le 16 octobre 1569 par l'armée royale du duc d'Anjou. Elle était défendue par les troupes du prince de Condé où Antoine de Beaucorps (toujours d'après Guillaume) commandait 50 hommes d'armes. La garnison se défendit héroïquement et fit beaucoup de mal à l'armée royale ; mais, au bout de sept semaines, elle dut capituler.

En 1572 Antoine fut nommé capitaine dans l'armée du prince de Condé. Une commission signée Henri de Bourbon, prince de Condé, et datée du 6 janvier 1577, lui confia le commandement de 200 hommes d'armes et, le 26 du même mois, il recevait ordre de garder une maison sise au Meschet appartenant au prince de Condé (118). Quelques mois après il se trouvait assiégé, avec les troupes protestantes, dans la place de Brouage.

Brouage était une petite ville fortifiée, créée, d'après d'Aubigné, vers 1555, par Jacques de Pons, sgr de Mirambeau, sur un îlot de sable que le reflux de la mer avait formé dans le marais de basse Saintonge. Un canal la reliait à la mer, distante de quelques lieues, et en faisait un petit port. Après diverses péripéties, cette place était tombée par surprise aux mains du prince de Condé ; il la tenait encore quand, le 22 juillet 1577, le duc de Mayenne vint l'investir avec les troupes royales. La garnison se composait de 1.000 arquebusiers ; elle n'avait pas assez de vivres pour soutenir un long siège ; mais elle en recevait par mer de l'île d'Oléron. La flotte royale chercha à empêcher son approvisionnement et Sanzac s'empara pour le roi de l'île d'Oléron. N'étant plus ravitaillés, voyant leurs ressources diminuer, les assiégés tentèrent une sortie ; ils furent taillés en pièces et éprouvèrent de grandes pertes. La situation devenant désespérée, on résolut de négocier. Le capitaine de Beaucorps prit part à ces négociations, d'après l'historien de Thou auquel nous empruntons ces détails : « On dressa donc, rapporte-t-il, un projet de capitulation et, après avoir pris les sauf-conduits nécessaires, il fut présenté le 16ᵉ jour d'août à Strozzi, accompagné des sieurs de Puygaillard, de Lanzec et Antoine de Beauvais-Nangis, colonel du régiment des gardes, par Artus de Parthenay, sieur du

(118) Arch. du marquis de Beaucorps.

Quéray, Louis de Mallemouche, sieur de la Moussière, Antoine de Beaucorps de Guillonville, Jean Majou, Maninville et la Vallée, députés des assiégés ; le duc de Mayence y répondit le lendemain et les articles furent enfin arrêtés. » Les assiégés demandèrent et obtinrent d'envoyer une députation au prince de Condé pour l'informer de leur situation ; en conséquence on prit des ôtages de part et d'autre et Antoine de Beaucorps passa, en cette qualité, avec Cormont, dans le camp royal. Condé demanda aux assiégés de tenir encore trois jours en attendant le secours qu'il devait leur envoyer ; mais, comme ce secours était incertain, qu'ils avaient d'ailleurs donné leur parole et signé le traité, ils décidèrent de se rendre au duc de Mayence, ce qui fut fait le 17 août 1577 (119).

La carrière militaire d'Antoine de Beaucorps n'était pas terminée. Elle se prolongea encore de longues années, tant que durèrent les luttes intestines entre catholiques et protestants qui furent particulièrement âpres en Aunis et en Saintonge. En 1580 nous le voyons chargé par le comte de la Rochefoucauld de commander une compagnie de cent arquebusiers. Quelques années après, en 1586, il commande une compagnie de gens de pied entretenus pour le service du roi en la ville de Saint-Jean.

Le 22 février 1592 Henri IV lui donna commission de lever et mettre sur pied une compagnie de cent hommes de guerre et de les conduire et mettre en garnison à Saint-Jean-d'Angély pour aider à conserver cette place en l'obéissance du roi et sous le commandement du seigneur du Mesnil, son gouverneur (120). En 1596 Antoine de Beaucorps était encore à la tête de 100 hommes d'armes.

Resté veuf sans enfant, il s'était remarié, par contrat du 25 novembre 1585, avec Dorothée *de la Jaille*, fille de René, éc., s^r de Villebraye, et de Jeanne Bouchard, dame d'Annezay ; elle était veuve de Laurent de Many, sgr de Menainville, capitaine dans la marine du Ponant (121). Elle apportait à son mari la terre et

<hr>

(119) Jacques-Auguste DE THOU, *Histoire universelle*. Traduction de Londres, 1734, t. VII, p. 514-527.

(120) Preuves de Malte, pièce 27. — Carrés d'Hozier (Bibl. nat.), vol. 71, p. 99.

(121) Allenat, not. royal de Saintonge (Arch. du marquis de Beaucorps). — Carrés d'Hozier, vol. 71, p. 96. — Dorothée de la Jaille était sans doute de la même famille qu'Anne de la Jaille qui épousa en 1566 Jean Poussard, éc., sgr du Bas-Vandré, gouverneur de Taillebourg. Ces la Jaille, de Saintonge, étaient-ils de même souche que ceux d'Anjou connus dès le XIe siècle, et dont descendent le général comte de la Jaille, décédé en 1889, et l'amiral ? Nous n'avons pu le vérifier. La famille actuelle de la Jaille porte pour armes : d'or à la bande de fusées de gueules, à la bordure de sable chargée de 8 besants d'or.

seigneurie *d'Annezay*, qu'elle tenait de sa mère. Le mariage fut célébré à l'église réformée de Saint-Jean-d'Angély.

Antoine de Beaucorps paraît avoir habité avec sa femme le logis d'Annezay qui existe encore près du bourg du même nom. Il était seigneur de paroisse et, comme tel, qualifié pour défendre les intérêts du pays : à ce titre il aurait souscrit une requête adressée en 1590 à Henri IV par 37 gentilshommes pour le soulagement des habitants de Saintonge, Aunis et Angoumois (122).

Il mourut avant le 18 septembre 1617, date du contrat de mariage de son fils Pierre. Le partage de ses biens fut réalisé le 16 février 1619 entre les cinq enfants issus du second mariage : Henri, Pierre, David, Léa et Dorothée (123).

Les enfants d'Antoine de Beaucorps.

Les trois fils d'Antoine de Beaucorps se fixèrent en Saintonge, y contractèrent alliance avec les anciennes familles du pays et y firent souche. Comme la plus grande partie de la noblesse du pays, ils professaient la religion réformée.

V. — 1º Henri. Comme aîné il porta le titre de sgr de Guillonville et eut en partage la seigneurie d'Annezay.

Il épousa en 1608 Esther Garnier, fille unique de Prégent, sgr de Champmirouard, et de Sarah Bidault. Le contrat fut passé le 28 juillet au logis noble de Couplay, paroisse Saint-Pierre de Surgères, où demeuraient les Garnier (124). Les jeunes époux demeurèrent tantôt à Couplay, tantôt à Annezay jusqu'aux partages de 1619 qui les fixèrent à Annezay. C'est là qu'Esther Garnier fit, en 1617, son testament auquel elle ajouta, le 17 juin 1626, de nouvelles dispositions. Elle avait alors 7 enfants, 2 fils et 5 filles : Isaac, Henri, Elisabeth, Anne-Henriette, Diane, Esther et Marie.

VI. — 1º *Isaac* est probablement cet Isaac de Beaucorps qui mourut à la Haye (Hollande), le 16 décembre 1637 (125).

2º *Henri*, mourut entre 1635 et 1638. Le 10 janvier 1635, par devant Roussignol, notaire à Tonnay-Boutonne, il fit un testament

---

(122) D'après une note de Guillaume de Beaucorps de l'Epineuil, conservée dans les archives du marquis de Beaucorps ; cette pièce se trouvait dans le cabinet des Bénédictions de Saint-Martin-des-Champs, 9ᵉ liasse, nº 21.

(123) Arch. du marquis de Beaucorps.

(124) Rabet, not. à Surgères. Arch du marquis de Beaucorps. Couplay est à 3 kilom. au sud de Surgères.

(125) Généalogie de Beauchet-Filleau.

par lequel il léguait ses acquets et ses biens propres à son oncle Pierre, sgr de la Grange. Il voulait par là, n'ayant pas d'enfants, ni de frère, éviter que ses biens ne sortissent de la lignée des Beaucorps ; mais Pierre, son oncle, ne voulut pas profiter de ce legs au détriment de ses nièces, et par un acte passé à Surgères, le 12 juillet 1638, il déclara y renoncer (126).

3° *Elisabeth*, née vers 1611, épousa avant 1638 Pierre (ou Yves) *David*, sgr des Marais. Elle testa en faveur de son mari en 1676.

4° *Anne-Henriette*, née vers 1612, épousa Daniel *du Verger*, éc., sgr de Monroy.

5° *Diane* mourut avant 1638.

6° *Esther* épousa Marc Hilaire, éc., sgr de Vassigny.

7° *Marie*, née vers 1628, se maria le 26 août 1641 à François *de la Rochefoucauld*, éc., sgr de Fontpastour, fils de Charles, chev., sgr de la Rigaudière, et de Sarah de Verdières, dame de Fontpastour (127). Resté orphelin il avait reçu pour tuteur Pierre de Beaucorps, sgr de la Grange. Cette circonstance favorisa une alliance qui unit les Beaucorps à une des premières maisons du pays, attachée comme eux à la religion réformée.

François de la Rochefoucauld mourut en 1667 et sa femme en 1683 (128), ils laissèrent deux fils, Charles-Casimir et François, et plusieurs filles dont une épousa en 1669 Pierre du Gua, chev., sgr du Bois (129).

V. — 2° Pierre fut sgr de la Barauderie, paroisse d'Annezay, où il demeurait en 1622, et de la Grange (par. de Saint-Crépin), dont il portait le nom et où il passa la plus grande partie de son existence.

En 1621 il était sergent major en la ville de Saint-Jean-d'Angély (130) ; mais il ne paraît pas avoir suivi la carrière des armes.

(126) Arch. du baron François de Beaucorps. Des cinq sœurs il n'en restait en 1738 que quatre, Diane étant décédée : Elisabeth, mariée à Yves David, habitait à Couplay, avec Marie ; Henriette et Esther demeuraient avec leur mère à Annezay.

(127) Père Anselme, 3ᵉ édit., t. IV, p. 457. — Fontpastour, commune de Verdières, canton de la Jarrie.

(128) Il fut inhumé le 17 sept. 1683. Registre protestant de Dampierre et Sourigueux. Arch. de Charente-Inférieure, I, 112.

(129) Casimir et François de la Rochefoucauld passèrent en Angleterre au moment des persécutions contre le protestantisme. Le premier était à Canterbury en 1682. Son frère, en 1690, faisait partie de l'église française protestante à Londres. Ils firent souche en Angleterre où ils ont encore des descendants. Communication de M. Lart, descendant de François de la Rochefoucauld.

(130) *Arch. histor. de Saintonge et d'Aunis, Mémoires*, t. I, p. 231-234.

Ainsi que les autres gentilshommes de la province, il fut convoqué le 21 juillet 1635 par le comte de Jonzac, lieutenant-général de Saintonge, Angoumois et Aunis, pour servir dans le ban et l'arrière-ban et se tenir prêt à partir dans la quinzaine pour Châlons et Vitry-le-François.

Il fut aussi convoqué à titre de gentilhomme en 1651 pour élire les députés de la noblesse aux Etats-Généraux qui devaient s'ouvrir le 5 août à Tours (131).

Pierre de Beaucorps épousa par contrat passé au Fresne (par. de Saint-Crépin) le 18 septembre 1617 Françoise *Ramard*, fille de feu noble homme Isaïe Ramard et de Judith Huet. Il fut stipulé dans le contrat que la mère du futur époux, ainsi que son frère aîné, logeraient et nouriraient le jeune ménage et leurs serviteurs et servantes jusqu'à ce que les partages fussent réalisés (132). Le mariage fut célébré en l'église réformée.

Resté veuf avec quatre enfants, Pierre de Beaucorps convola en secondes noces avec Gabrielle *de Villedon*, fille de Ruben, sgr de Magezy et de Jeanne de l'Estang. Le contrat fut passé le 14 janvier 1639 au château de Tonnay-Boutonne (133) où le ménage paraît avoir résidé habituellement. C'est là qu'il demeurait en 1642.

Le 25 août 1647, Pierre fit son testament par lequel il léguait à sa femme, sa vie durant, tous ses meubles et acquets, à condition d'élever convenablement leurs trois enfants. Il mourut en 1647.

Du premier mariage étaient nés 3 fils et une fille :

VI. — 1° *Joachim*, qui continua la branche aînée, celle des Beaucorps de Guillonville, de la Bucherie et de l'Isleau (v. p. 53).

2° *Henri*, auteur de la branche des Crouillères et de l'Epineuil (v. p. 58).

3° *Amaury*, éc., sgr de la Grange, qui épousa par contrat passé au château du Méril, le 2 février 1655, Louise Jacques, fille de Achille, éc., sgr de la Lesserie, et de Anne de Machecoul, demeurant à Nieul, près Saintes ; il n'en eut qu'une fille mariée à *Daniel Chasteigner*, lequel, devenu veuf, se remaria en 1714 à Marie-Henriette de Bessay.

4° *Dorothée*, qui épousa le 7 octobre 1645 *Lévy Joubert*, sgr des Jarriges (par. de Puy-du-Lac), juge-sénéchal de la baronnie de Tonnay-Boutonne, fils de Pierre, notaire de Tonnay-Boutonne, et de Marguerite Faure. Elle était morte en 1652, laissant deux

(131) Arch. du marquis de Beaucorps.
(132) Arch. du marquis et du vicomte Henry de Beaucorps.
(133) Arch. du marquis de Beaucorps.

fils, Pierre et Henri (134). Lévy Joubert reçut le 20 juin 1659 le collier de l'ordre de Saint-Michel (135).

De sa seconde femme, Pierre de Beaucorps eut un fils et deux filles :

5° *Charles* auteur des Beaucorps de la Bastière (v. p. 60).

6° *Esther* et 7° *Gabrielle* dont nous ignorons la destinée.

V. — 3° **David,** éc , sgr de la Bastière, (par. de St-Laurent-de-la-Barrière), où il demeurait.

Le 31 mai 1622, il recevait une convocation pour se trouver avec les gentilshommes de l'arrière-ban au camp tenu devant Saintes (136).

Il se maria en 1625 avec Jeanne *Affaneur,* fille de Jacob, éc., sgr de la Jarrie et de Courteneuil (par. d'Arces), gentilhomme servant de M. le Prince, et de Marthe Marchay. Le contrat fut passé le 19 janvier à Courteneuil.

Le 3 août 1637 David de Beaucorps testait en faveur de sa femme. Il mourut en 1664 ; le 8 novembre de cette année, il fut procédé au partage de ses biens entre ses 4 enfants. Sa veuve, en 1667, fit un testament en faveur de son fils.

VI. — A) *Louis* de Beaucorps, éc., sgr de la Bastière, né vers 1536, se maria deux fois. Le 19 août 1671 en l'église réformée de la Rochelle (137) à Madeleine *Vacheron,* veuve de Pierre Blandin, éc., sgr de Bois-Regnault et de l'Herbaudière (par. de Salles-sur-Mer), dont elle avait eu deux filles. Le contrat fut passé au logis noble de l'Herbaudière le 29 septembre suivant (138).

Resté veuf sans enfants il se remaria le 18 mai 1681 (après contrat du 16 mai 1681) à Jeanne-Elisabeth *Husson,* fille d'Etienne, sgr de Candé, avocat au présidial de la Rochelle, et de Elisabeth Taillourdeau (139).

De cette union naquirent deux filles :

VII. — 1° *Elisabeth,* qui épousa le 4 avril 1695 son cousin issu-de-germain *Elie de Beaucorps.*

(134) Le général Joubert, qui s'illustra dans la guerre du Transvaal en 1899, serait, d'après des articles publiés dans les tablettes des Deux-Charentes et l'Echo Rochelais, descendant des Joubert de Saintonge, dont un membre aurait suivi l'émigration protestante aux Pays-Bas et, de là, passa au Cap.

(135) *Mémoires de la Soc. des Arch. hist. de Saintonge et d'Aunis,* t. iii, p. 434.

(136) Arch. du marquis de Beaucorps.

(137) Arch. de la Charente-Inférieure, série I, p. 87. Registre protestant.

(138) Arch. du marquis de Beaucorps.

(139) Arch. de la Char.-Inf., I, p. 112. — Arch. du marquis de Beaucorps.

2° *Suzanne*, baptisée le 15 novembre 1692 à Saint-Laurent-de-la-Barrière, en faveur de laquelle son père fit son testament le 26 juillet 1705 (140).

Louis de Beaucorps était un zélé protestant ; il reçut le 3 janvier 1674 une commission du duc de Gadagne pour assister à un colloque qui devait se tenir au bourg de Salle.

Le choix qu'on fit de lui comme arbitre en 1681 dans un différend entre les marquis de Montendre et de Surgères prouve qu'il jouissait parmi la noblesse du pays d'une grande considération.

Ainsi que son cousin Charles, il marcha en 1684 dans le ban et l'arrière-ban de la noblesse et fut du nombre des 150 gentilshommes commandés par M. de la Chétardie dans la place de Brisach.

Par son testament, daté du 25 juillet 1705, il instituait sa fille Elisabeth sa légataire universelle, à condition de donner 4.000 livres à sa sœur Suzanne. Il donnait pour tuteur à celle-ci son cousin Elie de Beaucorps.

Il mourut peu après. L'inventaire de ses meubles fut dressé le 19 novembre 1706.

VI. — B) *Julie* de Beaucorps épousa en 1652 son cousin Joachim, fils aîné de Pierre.

C) *Judith* et D) *Henriette* ne se marièrent pas et vécurent à la Savinière, dépendance de la Bastière.

V. — 4° *Léa* de Beaucorps épousa Florizel d'Abilon, sieur de Beauflef, fils de Jean, échevin (1581), puis maire (1582) de St-Jean-d'Angély, et de Marie Dubois, veuf de Anne Ancelin. Il exerça un commandement au siège de Saint-Jean-d'Angély et mourut avant 1622 laissant 6 enfants (141).

5° *Dorothée* dont la destinée est inconnue.

Les Beaucorps de Guillonville, de la Bucherie et de l'Isleau.

VI. — Joachim de Beaucorps, fils aîné de Pierre, prit en cette qualité le nom de l'ancienne terre de la famille de Guillonville, pour laquelle il rendit hommage en 1667. Il naquit en 1620.

Il fut maintenu dans sa noblesse en 1667.

Par contrat du 1ᵉʳ novembre 1652 il épousa sa cousine-ger-

(140) Carrés d'Hozier.

(141) BEAUCHET-FILLEAU, 2ᵉ éd., t. *I*, p. 3. — *Mémoires de la Soc. des Arch. hist. de Saintonge et d'Aunis*, t. XI, p. 116. — *Revue de Saintonge et d'Aunis*, 1895, p. 167.

maine *Julie de Beaucorps,* fille de David et de Jeanne Affaneur. En 1662 les époux se firent une donation mutuelle et nous voyons par cet acte qu'ils habitaient alors au bourg d'Annezay (142). Ils paraissent n'avoir eu qu'un fils Charles.

VII. — **Charles,** éc., sgr de Guillonville, acquit en 1693 la terre et seigneurie de la Bucherie (par. Saint-Laurent-de-la-Barrière) comprenant logis noble, métairie et borderie (143).

Le 3 avril 1691 il se maria avec Marie Madeleine *de Cornacq,* fille de feu Raphaël, sr de la Tour, conseiller au présidial de Marennes, et de Céleste Sauvaget, demeurant en la paroisse Saint-Etienne-d'Arvert (144). Il en eut trois filles dont l'une, Elisabeth, assistait en 1727 au mariage de son cousin Louis-Charles.

Après la mort de sa femme, Charles de Beaucorps se remaria par contrat du 14 février 1705 avec Bénigne *de Meaux du Fouilloux,* fille de feu Louis, chev., sgr du Fouilloux (par. d'Arvert), et de Madeleine d'Hérisson.

Cette famille de Meaux avait une origine assez illustre. Elle se rattachait, paraît-il, à Giffart, vicomte de Meaux, qui, ayant suivi le roi saint Louis en Terre-Sainte, fut chargé par lui d'accompagner en France la couronne d'épines qui fut déposée à la Sainte-Chapelle.

Aimery de Meaux, descendant au 6e degré de Denis, qui vivait vers 1380, eut plusieurs enfants, entre autres Charles, qui se fixa en Saintonge. Charles eut un fils Louis et deux filles : Louise et Bénigne. Celle-ci eut une assez brillante fortune : elle épousa le 16 février 1667 Paul d'Escoubleau, marquis de Sourdis et d'Alluye, gouverneur de l'Orléanais ; elle aurait été fille d'honneur de la première femme du duc d'Orléans et fut liée d'amitié avec la comtesse de Soissons, les duchesses de Bouillon et de Mazarin. Sa grande beauté lui attira à la cour de nombreux admirateurs et Saint-Simon l'accuse de galanterie. Ayant perdu son mari, elle se retira au Palais-Royal où elle mourut en 1720 (145). Elle laissait pour héritières sa sœur Louise et ses deux nièces Bénigne, mariée à Charles de Beaucorps, et Angélique, épouse de Aristarque Brigault, éc., sgr de Fortunezay, capitaine au régiment de Picardie. Louise de Meaux produisit un testament qui l'instituait légataire universelle et se fit donner délivrance de legs par sen-

(142) Arch. du vicomte Henry de Beaucorps.
(143) Arch. du comte de Beaucorps-Créquy.
(144) *Arch. hist. de Saintonge et d'Aunis, Mémoires,* t. XIII, p. 329.
(145) *Notice manuscrite sur la famille de Meaux,* par M. Léonce DE LA MOU-NERIE (1851). — Arch. du vicomte Henry de Beaucorps. — La marquise de Saint-Léger possède un portrait de la marquise d'Alluye, peint par Mignard.

tence du Châtelet de Paris (29 août 1720). Un procès s'ensuivit ; les Brigault furent déboutés de leurs prétentions par arrêt du Parlement de Paris du 5 septembre 1722 (146).

Charles de Beaucorps eut de son second mariage un fils *Charles-Louis* et une fille *Bénigne* qui épousa, en 1755, *Louis Mallat*, sgr de la Bertinière, greffier en chef de l'élection de Saint-Jean-d'Angély (147).

Il avait eu en outre, probablement avant son remariage, un fils naturel, Pierre, né vers 1705, auquel il légua par testament la somme de 150 livres. Il demeurait alors au bourg d'Arvert.

Charles de Beaucorps mourut en 1715. Sa veuve se remaria à Saintes le 18 juin 1724 avec Jacques *Arthuis*, sieur de la Plauchonnerie (148).

VIII. — **Charles-Louis**, éc., sgr de la Bucherie, naquit le 2 mai 1708 et fut baptisé le 20 à Saint-Etienne d'Arvert.

En 1758 il servit dans le ban et arrière-ban de la noblesse. De même que son père, il se maria deux fois : d'abord par contrat du 30 août 1730 passé à Annezay avec Marie *Gregoireau de la Pinellerie*, fille d'Ignace et de Louise Fabry, demeurant à la Pinellerie, paroisse Saint-Vivien-lès-Saintes, sœur utérine de David, sgr d'Annezay. Le mariage fut célébré en l'église d'Annezay (149).

Quatre enfants naquirent de cette union.

Ayant perdu sa femme, Charles-Louis contracta une seconde alliance, vers 1740, avec Madeleine *Béraud* dont il eut un garçon et une fille. Le 6 novembre 1741 elle faisait un testament en faveur de son mari.

Les enfants du premier mariage furent :

1° *Henry-Charles* qui suit.

2° *Marie-Louise* qui mourut à 8 mois et fut inhumée le 23 septembre 1735 en l'église d'Annezay.

3° *Alexandre-Louis*, né le 13 mai 1734, baptisé le lendemain à Saint-Laurent. Il était lieutenant au régiment de Cambrésis lorsqu'il passa à Saint-Domingue (1770). Les relations avec sa famille n'étaient pas très chaudes à en juger par les quelques lettres que nous possédons de lui, adressées à son frère et à son cousin de Franquefort (150) ; elles ne traitent guère que de questions d'intérêt et de la succession de son père ; elles sont datées

(146) Arch. du vicomte de Beaucorps.
(147) *Revue de Saintonge et d'Aunis*, 1910, p. 284.
(148) Arch. du vicomte Henry de Beaucorps. — Chanoine HUBERT, *Généalogie des familles de l'Orléanais*.
(149) Arch. du vicomte Henry de Beaucorps.
(150) Arch. du vicomte Henry de Beaucorps.

de Port-au-Prince jusqu'en 1784, puis des Cayes Saint-Louis. A partir de 1788 on n'eut plus de nouvelles d'Alexandre de Beaucorps ; ses petits-neveux songèrent à rechercher sa succession, mais ils ignoraient le lieu et la date de sa mort, s'il possédait une concession, s'il était marié.

4° *Ignace*, qui mourut le 24 septembre 1736, âgé de 3 semaines et fut enterré le lendemain en l'église d'Annezay (151).

Du second mariage avec Madeleine Béraud sont issus :

5° Pierre-Philippe-*Célestin*, désigné dans plusieurs actes sous le nom *d'Alexis* (152), officier de dragons, épousa à Saint-Michel de Saintes, le 15 avril 1774, Marie-Anne (ou Madeleine) de Guérin, fille de feu Pierre de Guérin de l'Etang (153) et de Louise de Grégoireau de Maisonneuve. Au moment de son mariage il habitait Saint-Laurent-de-la-Prée ; puis il se fixa à Pedenteau (par. de Tonnay-Charente). C'est là qu'il mourut le 28 mai 1783, laissant plusieurs enfants mineurs, entre autres un fils *Louis-Charles* né à Tonnay-Charente le 28 février 1778, qui continuera la descendance. Marie-Anne de Guérin mourut le 18 avril 1791 à Tonnay-Charente.

6° *Marie-Madeleine* épousa Louis *Gros de Redon*. En 1784 elle habitait à Saintes, faubourg Saint-Palais.

IX. — **Henry-Charles**, éc., sgr de la Bucherie, reçut le baptême le 19 juin 1730, à Saint-Laurent-de-la-Barrière (154).

Ayant embrassé la carrière militaire, il fut nommé le 26 août 1760 lieutenant d'infanterie à la compagnie de Bar du régiment des volontaires de Hainaut ; il se retirait du service en 1779 comme officier réformé avec une pension de 300 livres et la croix de Saint-Louis. Il obtint alors le poste de capitaine des canonniers garde-côtes de la division de Marennes à Saint-Sornin de Saintonge (155).

Il était marié depuis le 18 juillet 1767, mariage contracté à

(151) *Arch. hist. de Saintonge et d'Aunis, Mémoires*, t. XLII, p. 19.

(152) L'acte de baptême de Louis de Beaucorps (28 fév. 1778) le dit fils du chevalier Alexis de Beaucorps et de Madeleine de Guérin. — Communication de Mlle Antoinette de Beaucorps.

(153) Les Guérin étaient seigneurs de l'Etang, de Montvallou, de Béjac, de Bussac, de Bellefonds. Le grand-père de Marie-Anne était lieutenant-général de la sénéchaussée de Saintonge. Elle avait un frère, Guérin de Bellefonds, enseigne de vaisseau, qui fut guillotiné sous la Terreur. — Communication de Mlle Antoinette de Beaucorps et BEAUCHET-FILLEAU.

(154) Cet acte indique comme prénoms Henry-Charles. Ailleurs ils sont intervertis : Charles-Henry.

(155) Arch. de la Charente-Inf., B 46.

Saintes, avec Marie-Anne-Marguerite *Poitevin*, fille de Louis-Nicolas, procureur du roi en l'élection de Saintes, et de Marie-Charlotte Pain. Elle était veuve de Jean du Faur, éc., sgr du fief de Foussac, ancien mousquetaire, dont elle avait eu, en 1762, un fils : Auguste-Cajetan du Faur. Son premier mari, par un testament daté de 1762, lui avait confié la tutelle de leur fils, et légué l'usufruit de tous ses biens. Ils comprenaient un logis appelé *la Croix*, paroisse de Pisany, où elle continua à habiter après son remariage et où naquirent sa fille et son fils Guillaume-Charles.

Par son contrat de mariage Charles-Henry de Beaucorps avait reçu de son père la terre et seigneurie de la Bucherie. Ayant recueilli, en 1768, la succession de ses beaux-parents, il fit, quelques années après, par contrat du 30 novembre 1771, l'acquisition de la terre et baronnie de *l'Isleau*, paroisse de Saint-Sulpice-d'Arnoult et autres circonvoisines. Cet important domaine lui fut vendu par le marquis de Courbon, comte de Blénac.

Il habita, sur la fin de sa vie, tantôt à l'Isleau, tantôt à Saintes en la paroisse Sainte-Colombe. C'est là qu'il mourut à l'âge de 69 ans. Il fut inhumé le 4 juin 1789 en l'église Sainte-Colombe. Sa veuve le suivit de près dans la tombe (156) (23 août 1790).

Il laissait un fils et une fille mineurs.

1° *Marie-Agathe Bénigne*, née le 5 février 1758, baptisée le 8 à Saint-Léonard de Pisany. Elle épousa en 1792 Louis-René, comte *Potier de Pommeray*, capitaine au 106ᵉ régiment d'infanterie (ci-devant au Cap) (157).

2° *Guillaume-Charles* qui suit.

X. — **Guillaume-Charles** de Beaucorps, baron de l'Isleau, naquit le 13 avril 1769 et fut baptisé le 26 à Saint-Léonard de Pisany. Il eut pour parrain Jean-Baptiste de Bellefond, chev. de Saint-Louis, sgr de Plassay, et pour marraine sa grande-tante Mallot de la Bertinière (158).

Il entra aux écuries du roi et, du 1ᵉʳ décembre 1786 au mois d'avril 1789, il fut page de Madame (159). La mort de son père puis la Révolution vinrent interrompre sa carrière.

(156) Arch. du vicomte Henry de Beaucorps. La marquise de Saint-Léger possède un portrait de Henry-Charles de Beaucorps.

(157) Les Potier de Pommeray étaient une branche cadette des Potier, duc de Gesvres.

(158) Dans un acte de partage du 11 mai 1792, nous trouvons Charles-Henry au lieu de Guillaume-Charles.

(159) Certificat du comte de Mailly. Arch. du vicomte Henry de Beaucorps. Madame était sans doute Marie-Joséphine-Louise de Savoie femme du frère aîné du roi, le futur Louis XVIII, qui portait le titre de Monsieur.

Etant mineur au décès de son père, il reçut pour tuteur, ainsi que sa sœur, son oncle Jacques-Nicolas Poitevin de la Frégonière. Ils furent émancipés peu après.

Vers 1790 ou 91 il épousa Madeleine-Luce *Dupin de Belugard*, fille de feu Pierre-Timoléon, capitaine de vaisseau, chev. de Saint-Louis, et de Marie-Agathe de Poitevin. Ses beaux-parents possédaient une belle terre et seigneurie appelée *la Vieille Grollière* en la paroisse de Soubise, à une demi-lieue de Rochefort.

Après la mort de leur mère, Guillaume-Charles et Agathe se partagèrent provisoirement, par un sous-seing privé daté de Saintes 11 mai 1792, les biens de leurs parents. La terre de l'Isleau fut laissée indivise pour payer les dettes ; Charles eut des marais salants sur la rivière de Saudre en la seigneurie de Saint-Sorlin de Marennes, et dans la paroisse de Saint-Sulpice-de-Blomac (seigneurie de Royan). Sa sœur eut la métairie de Gergaudré (par. de Saint-Romain-de-Benet). Plus tard, en 1794, le 16 décembre, un partage définitif intervint entre eux, qui attribua à Guillaume-Charles la terre de l'Isleau. Il avait recueilli de la succession de ses beaux-parents, indivisément avec sa belle-sœur Mlle de Belugard, la terre de la Grollière ; celle-ci demandait le partage et la propriété aurait beaucoup perdu à cette division ; Guillaume-Charles lui céda la terre de l'Isleau en échange de la moitié de la Grollière, opération avantageuse pour lui, car l'Isleau était très dégradé, tandis que la Grollière s'était conservé en bien meilleur état.

Les Beaucorps des Crouillères et de l'Epineuil.

VI — Henri, éc., sgr des Crouillères (paroisse de Courcoury près Saintes) et de Beaulieu, naquit en 1625 ; il mourut avant 1707.

Il épousa le 14 septembre 1654 Marie *de Bertenet*, fille d'Abel, éc., sgr de Foucheray, et de Marie Affaneur. Elle lui donna 7 enfants et mourut en 1676. Le 12 novembre de cette année Henri de Beaucorps cédait à son beau-frère, Moïse de Bertenet, sgr de Beaulieu, économe de ses enfants mineurs, la métairie de la Blancharderie (par. de Courcoury), moyennant qu'il serait déchargé de nourrir et entretenir lesdits mineurs. Les biens de Marie de Bertenet ne furent partagés que le 2 juin 1692 entre les quatre enfants survivants : Pierre, Bénigne, Marie et Elisabeth (160).

Des 7 enfants d'Henri de Beaucorps, nous connaissons seulement :

(160) Arch. du comte de Beaucorps-Créquy.

1° *Marguerite*, morte avant 1676.

2° *Pierre*, qui suit.

3° *Bénigne*, née vers 1661, décédée le 21 mai 1739 et enterrée à Courcoury (161).

4° *Marie* qui épousa Charles Chauvin, s^r de Tilloubois.

5° *Elisabeth.*

VII. — **Pierre**, éc., sgr des Crouillères et de Beaulieu, qualifié aussi au rôle du ban et arrière-ban de 1691 sgr de Navarre. Né le 23 janvier 1658 il épousa, par contrat passé le 23 janvier 1707 à la Besne (par. de Chaniers), Catherine-Suzanne *Labbé*, fille de feu Romain, sieur de la Flotte, avocat, et de Marguerite Géribon. Après son mariage, Pierre habita à la Besne (ou la Baine). Nous ne lui connaissons qu'un fils qui suit.

VIII. — **Jean-Jacques**, éc., sgr de *l'Epineuil, près Saintes.*

Il naquit le 31 mars 1708. En 1736 il habitait à Senonches, en 1737 aux Grandes-Maisons, enfin à l'Epineuil près Saintes.

Sa situation de fortune était très modeste à en juger par le taux de sa capitation qui ne dépassait pas une livre en 1750, et par l'exemption qui lui fut accordée en 1758, pour le service personnel de l'arrière-ban, comme étant à pied. Pour qu'un gentilhomme n'eût pas même un cheval à monter, il fallait qu'il fût bien pauvre.

Cela explique qu'il se soit allié à une famille dont la situation sociale paraît inférieure à la sienne : le 31 mars 1736 il épousait Françoise *Poirier*, fille de Jean Poirier, contrôleur des actes à Saintes, et de Catherine Vanderquand.

Il en eut deux fils :

1° *Guillaume* qui suit.

2° *Jean-Jacques*, né vers 1738 à l'Epineuil. Il devint officier de cavalerie et se maria le 3 décembre 1771 avec Marie-Anne *Rabotteau de Puygibaud*, fille de feu Josué Rabotteau, sieur de Puygibaud (par. de Chasseneuil en Angoumois), et de Anne-Louise Rabotteau de Puygibaud (162). Il périt, nous le verrons plus loin, fusillé à Quiberon, ne laissant qu'une fille. Celle-ci épousa, en 1803, Casimir *de Montalembert de Cers* (163) et en eut une fille mariée à M. Vigoureux de la Roche, capitaine d'infanterie.

(161) Registres de la paroisse de Courcoury.

(162) De COURCELLES, *Hist. généal. et hérald. des pairs de France*, t. XII. — *Revue de Saintonge et d'Aunis*, 1910, p. 284 ; 1912, p. 124

(163) Les Montalembert, originaires de l'Angoumois blasonnent : **d'argent** à la croix ancrée de sable ; supports une autruche et un singe.

IX. — **Guillaume,** comte de Beaucorps et de l'Epineuil.

Né le 5 août 1737 il fut baptisé le lendemain en l'église de Courcoury. Il servit comme officier au régiment du Roi-Cavalerie et se retira du service en 1762 avec une pension.

Il épousa le 23 juin 1763, en l'église de Notre-Dame d'Eymet, diocèse de Sarlat, Marie *de Paulte*, veuve de Jean de Trevet, chev., sgr de Charmail, dont elle avait eu un fils, Jean (164). De Guillaume de Beaucorps elle eut un fils Jean-Jacques.

Guillaume acheta, le 23 mai 1769, du s^r Auger, secrétaire du roi à Bordeaux, la terre de l'Epineuil, près Saintes, dont il prit le nom (165).

X. — **Jean-Jacques,** comte de Beaucorps et de l'Epineuil.

Né à Eymet en Angoumois, le 6 janvier 1764, il entra à l'école royale militaire le 27 mars 1777. Un brevet du 6 mai 1780 le nomma cadet gentilhomme au régiment de Roi-Cavalerie où avait servi son père. Il passa le 6 juillet 1782 sous-lieutenant au même corps (compagnie de Grailly). Ce régiment tenait garnison à Saintes. Lorsque l'armée fut réorganisée par suite du changement de régime, il fut nommé lieutenant au 13e régiment de dragons en garnison à Vic (12 octobre 1791) (166). Nous parlerons plus loin de sa conduite pendant la Révolution.

Les Beaucorps de la Bastière.

VI. — **Charles** (fils de Pierre et de Gabielle de Villedon), chev.

Il demeurait à Boisron, paroisse de Moragne. Comme ses cousins il fut maintenu en sa noblesse en 1667. Lorsque son cousin Yves-David vint à mourir laissant deux fils mineurs, Pierre et Daniel, il remplit près d'eux le rôle de tuteur.

Il épousa le *4 janvier 1665 Anne Rivet,* fille d'Etienne, ministre de l'église de Saint-Just, et de Jeanne Audoin (167). De ce mariage naquirent un fils *Elie,* qui suit, et une fille *Marie-Anne.*

(164) Le 15 mai 1771 Marie de Paulte fit un partage de ses biens, attribuant à son fils Jean de Névet de Charmail le domaine de la Blumie, par. d'Agnac, en Agenois, et une maison à Eymet, en Périgord. Ces dispositions furent confirmées par son testament du 19 févr. 1777.

(165) L'Epineuil était un fief noble dont relevait la seigneurie de Beaupuis. V. Arch. de la Charente-Inférieure, E 3 (1784).

(166) Etats de service du 28 sept. 1814. — Arch. du comte de Beaucorps-Créquy.

(167) Contrat passé à Saint-Just devant Gareau, not. — Arch. du marquis de Beaucorps. — Sur la famille Rivet, voir *Bulletin de la Société de l'hist. du Protestantisme,* juillet-août 1905.

Le 31 octobre 1684 Charles de Beaucorps était un des 500 gentilshommes français commandés par M. de la Chétardie dans la place de Brisach (168).

VII. — **Elie** (ou Hélie), chev., sgr de la Bastière, Cherves, la Boisselée, la Thiberderie.

Né vers 1667, il épousa le *4 avril 1695*, par contrat passé à la Bastière, sa cousine *Elisabeth de Beaucorps*, fille de Louis et de Elisabeth Husson (169). Du fait de ce mariage il devint sgr de la Bastière, Cherves et la Boisselée.

Ces trois seigneuries furent attribuées pour son droit d'aînesse à Louis-Charles par le règlement qu'Elie de Beaucorps et sa femme firent entre leurs enfants relativement à leur succession, le 21 avril 1740.

Elie de Beaucorps mourut en 1744. Il ne fut pas inhumé à Saint-Laurent-de-la-Barrière, paroisse de sa résidence, mais dans le cimetière de Cherves, dont il était seigneur. Cette inhumation eut lieu le 13 novembre (170).

Il laissait deux fils et deux filles :

1° *Louis-Charles* qui suit.

2° *Jacques-Elie*, seigneur de la Grange (par. de Saint-Crépin). Né en 1697, il fut nommé le 30 juin 1757, par commission du roi Louis XV, major de la capitainerie garde-côte de Soubise. Le 15 juin 1770, il fit son testament par lequel il laissait à son neveu, François, des marais salants et marais guts en diverses paroisses ; à Pierre-Louis, le cadet, la Grange et une rente de 50 livres sur une maison à Tonnay-Boutonne à charge de payer une rente de 500 livres à Mme du Fay et de faire différents legs à ses domestiques (171). Il mourut à 81 ans et fut inhumé en l'église de Saint-Crépin le 6 octobre 1777 (172).

3° *Henriette*.

4° *Madeleine-Elisabeth*. Elle acheta en 1756 le logis de l'Isleau (par. de Vandré), où elle habita jusqu'à sa mort, et le 8 mai 1762 elle acquérait en la même paroisse la métairie de l'Yvraie. Par son testament, fait en 1762, elle léguait ces deux propriétés à sa nièce Mme du Fay, et ce qui lui venait de ses parents à sa sœur Henriette. Elle mourut le 6 octobre 1767. D'après l'inventaire qui

(168) Généalogie ancienne.

(169) Arch. du marquis de Beaucorps. — Carrés d'Hozier. — Dispense de parenté fut accordée pour ce mariage par l'Evêque de Saintes (26 avril 1695). La bénédiction nuptiale fut donnée le 16 mai en l'église de Saint-Laurent.

(170) Arch. du baron François de Beaucorps.

(171) Id., Gouraud, not. à Genouillé.

(172) Lettre de M. Venaut.

fut dressé le 15 décembre, elle n'avait qu'un petit bien, peu de mobilier, et 600 livres de dettes (173).

VIII. — Louis-Charles, comte de Beaucorps.

Né le 2 juillet 1696, il fut ondoyé le lendemain en l'église de Saint-Laurent, et reçut le 7 août suivant les cérémonies du baptême.

En 1727 il épousa Marie-Henriette *de Roquefeuil*, fille de Jean, chev., sgr de la Salle, colonel d'infanterie. La maison de Roquefeuil était ancienne et illustre. Originaire du Languedoc, elle y était déjà puissante dès l'époque de Hugues Capet. Les Roquefeuil se faisaient gloire de descendre par alliance des anciens Dauphins du Viennois (174). Jean de Roquefeuil était fils de Pierre, chev., sgr de la Salle et de Campel, maréchal-de-camp, major de la ville et gouvernement de Brouage, et de Anne de la Félicennerie. D'un premeir mariage avec Marthe Fourtier, il avait eu une fille Sylvie-Henriette qui avait épousé, en 1716, le chev. Roger de Montbel. Une seconde alliance, contractée en 1706 avec Marie-Henriette de Gombaud (175), lui donna une fille, Marie-Henriette. Il mourut en 1726, non sans avoir désigné, pour tuteur de sa fille, Elie de Beaucorps. Celui-ci ne trouva rien de mieux que de marier sa pupille avec son fils aîné, comme cela s'était déjà vu chez les Beaucorps.

Le contrat de mariage fut passé à la Bastière, le *17 février 1727*, en présence de nombreux parents (176). Il stipulait qu'il n'y aurait pas de communauté de biens entre les époux, sauf convention ultérieure, le mari ayant toutefois qualité pour administrer les biens de sa femme. M. de Beaucorps reçut en dot de ses parents les terres et seigneuries de Cherves, la Boisselée et la Bastière, à condition qu'elles ne fussent pas démembrées, et à charge de leur payer une rente de 1.200 livres par an, une autre de 400 livres à sa tante Suzanne de Beaucorps, et une autre de 800 livres à son frère Jacques-Elie.

Quant à Mlle de Roquefeuil, le contrat ne dit pas en quoi consistait sa fortune. Par sa mère, elle possédait ou devait posséder un jour d'importantes seigneuries ayant appartenu aux Marque et aux Boislève : Cigogne en Aunis, le Fresne en Saintonge, Livois en Anjou, Péré en Touraine, la Bastardière en Bretagne.

(173) Arch. du baron François de Beaucorps.

(174) Les armes des Roquefeuil sont : d'azur à 9 cordelières d'or. Devise : Mon sang coule pour la France. Les Roquefeuil ont fourni plusieurs branches dont une subsiste encore en Bretagne.

(175) Contrat du 26 oct. 1706. — Lhospital, not. à Tonnay-Boutonne.

(176) Régnier, not. royal. Arch. du marquis de Beaucorps.

Le 13 novembre 1727, suivant une coutume assez répandue, les jeunes époux se firent donation mutuelle de leurs biens en cas de décès.

Nous possédons sur la comtesse de Beaucorps et les circonstances de sa mort une curieuse histoire de sorcellerie que nous résumons d'après des notes de famille (177). Etant en couches à la Bastière, elle avait reçu la visite des villageois, et parmi eux se trouvait une mauvaise femme qui l'ensorcela. Ne sachant comment se débarrasser de ce mauvais sort, elle consulta un sorcier qui se chargea de la désensorceler : il ordonna d'acheter un cœur, d'y piquer un certain nombres d'épingles, de le faire cuire, et de le bien surveiller parce que la sorcière ou une personne envoyée par elle viendrait tâcher de le ravir. Une tante de Beaucorps, vieille fille appelée Mlle de Cherves, fut chargée d'y veiller pendant le dîner de la famille. Elle s'endormit et ne s'éveilla qu'au bruit d'un chat noir poussant la porte, et avant qu'elle ait eu le temps de s'y opposer, il renversa le pot, saisit le cœur et l'emporta.

Pendant tout le temps que le cœur avait bouilli, la malade s'était trouvée tout-à-fait soulagée ; la sorcière avait au contraire, paraît-il, des crises affreuses ; mais au moment où le cœur fut ravi, Mme de Beaucorps fut reprise de son mal et accoucha dans des douleurs atroces d'un enfant difforme qui avait une jambe derrière le dos et tous deux moururent. La sorcière, au contraire, guérit ; on allait l'inquiéter lorsqu'elle mourut, soi-disant ; mais quelques années après, on l'aperçut à l'île de Ré, et ayant ouvert son cercueil enterré à Saint-Laurent, on y trouva une bûche. Pendant la maladie de Mme de Beaucorps, on avait trouvé dans son lit des choses extraordinaires et quand on raconta cela à l'évêque de Saintes, il ordonna de tout brûler.

Louis-Charles de Beaucorps décéda en son logis de la Bastière dans sa 58e année et fut inhumé le 11 février 1755 dans le chœur de l'église de Chervette (178). Les survivants de ses enfants : François, Pierre-Louis, et Mme du Fay procédèrent le 27 juin de la même année (179) au partage des biens de leurs parents qui comprenaient : la Bastière, Chervette, la Boisselée, le Fresne en Saintonge, Cigogne en Aunis, Saint-Sornin la Marche en Poitou, la Bastardière, Livois, Péré.

Le comte et la comtesse de Beaucorps avaient eu au moins 4 fils et une fille.

(177) Notes recueillies par Jean de Beaucorps, probablement dans les archives de famille.

(178) Arch. du baron François de Beaucorps.

(179) Billon, notaire à Tonnay-Boutonne. — Preuves de Malte.

1° *Pierre*, qui fut parrain en 1734 de son frère Pierre-Louis et mourut jeune.

2° *François* qui suit.

3° *Pierre-Louis*, né le 15 novembre 1734. En 1758 il fut reçu écuyer du Roi servant par quartier à la place du sieur de Marsanguy, démissionnaire (180). Il fut ensuite pourvu d'un grade de capitaine au régiment de volontaires étrangers de Clermont-Prince. Il y servit jusqu'à sa retraite.

Son oncle Jacques-Elie lui légua la seigneurie de la Grange où il habita le plus souvent. De sa mère il hérita de Cigogne en Aunis et Saint-Sornin-la-Marche en Poitou.

Il épousa le *20 juin 1771* Marie-Angélique-Félicité-Mélanie-Adélaïde *de Lambertye*, fille d'Emmanuel-François, marquis de Lambertye, maréchal des camps et armées du Roi, sgr du Grand-Viveroux, par. d'Annezay, et de Marie-Jeanne d'Auche.

Pierre-Louis mourut avant le 3 février 1786, date du partage de sa succession entre sa sœur, Mme du Fay, qui eut la moitié du fief de Cigogne, et ses neveux de Beaucorps, auxquels échut la Grange.

4° *Jacques*, officier de marine, mourut sans alliance avant son père ; il avait moins de 20 ans.

5° *Louise-Henriette* épousa le *6 octobre 1748* Louis-Armand-Philippe *du Fay*, chev., sgr de la Taillée et de Vandré, officier de cavalerie, fils de Georges-Guillaume-Louis, et de Françoise-Armande du Vergier de la Rochejacquelin. Les du Fay étaient une ancienne famille poitevine qui s'honorait d'avoir eu un de ses membres ami et compagnon d'armes de Bayard.

Elle paraît originaire du Mirebalais (Anjou et Poitou) (181).

Louis du Fay, seigneur de la Taillée, possédée depuis plusieurs générations par sa famille, devint par son mariage avec Françoise Martel de Vandré (1683) seigneur du Haut-Vandré en Saintonge, où ses descendants résidèrent jusqu'à la Révolution. Son petit-fils Louis-Armand-Philippe, dit le marquis du Fay, qui épousa Mlle de Beaucorps, était officier au Royal étranger cavalerie. Il habitait souvent à Vandré (182), et quelquefois à Cigogne

(180) Arch. nat., reg. O1 102, p. 468 (16 oct. 1758).

(181) Beauchet-Filleau, *Dictionnaire de famille du Poitou*, 2e éd., t. III, p. 368. — Les du Fay blasonnent d'azur à deux cerfs (ou ranchiers) d'or passant l'un sur l'autre.

(182) Le château du Haut-Vandré s'élevait à l'extrémité ouest du bourg ; il formait un quadrilatère pouvant avoir 80 mètres de côté ; la face sud dominait la vallée. Il y reste encore des vestiges de l'ancien temps, en particulier le porche précédé d'un pont-levis. Il y avait autrefois un donjon, une fuie, une garenne importante. Voir brochure de *Frédéric-Armand-Eléonore d'Olbreuse, les Poussard et Vandré*, 1908.

dont il était co-seigneur avec son beau-frère de Beaucorps. Il mourut à Niort le 5 janvier 1787. Il avait eu 11 enfants, dont plusieurs moururent jeunes ; parmi les survivants, il y avait deux fils dont le plus jeune épousa, nous le verrons plus loin, sa cousine-germaine Henriette-Charlotte de Beaucorps.

IX. — Le marquis François de Beaucorps de la Bastière.

L'aîné des fils de Louis-Charles de Beaucorps accrut la fortune de la famille par l'accroissement de son domaine foncier, commencée par son père, et lui donna un nouveau lustre par l'accession aux charges de cour.

Né à la Bastière, le 6 octobre 1731, il reçut le baptême en l'église de Saint-Laurent le 4 février 1732 ; son parrain fut François de Courteneuil, et sa marraine Elisabeth de Beaucorps sa tante.

Son père le fit entrer aux *écuries du Roi* dont le personnel ne se recrutait que parmi la noblesse. On distinguait la Grande Ecurie, qui comprenait le service de Monsieur, sous l'autorité du Grand Ecuyer, et la Petite Ecurie destinée au service d'attelage qui avait à sa tête le Premier Ecuyer. La petite écurie fut supprimée sous Louis XVI en 1787. La Grande Ecurie comprenait 3 écuyers ordinaires, 3 écuyers cavalcadours, un gouverneur des pages, 46 à 50 pages à cheval. La Petite Ecurie : un écuyer ordinaire et 20 écuyers servant par quartiers (183). François de Beaucorps fut écuyer de main, ainsi appelé parce qu'il donnait la main au Roi ou aux princesses pour monter en voiture (184). Il servait par quartier, c'est-à-dire pendant quatre mois de l'année seulement.

En même temps qu'écuyer il était *chevau-léger* de la Garde. On appelait ainsi une compagnie de gentilshommes composée de 4 brigades qui servaient à tour de rôle près de la personne du Roi. On ne pouvait y entrer qu'en fournissant la preuve d'une noblesse centenaire constatée par les généalogistes. L'uniforme des chevau-légers se composait d'un habit écarlate à doublure et parements blancs. Ils furent supprimés en 1787 (185).

Etant encore écuyer ordinaire du Roi et chevau-léger, François de Beaucorps se maria, le 7 janvier 1761, avec Marie-Madeleine-Victoire-Charlotte du *Souchet de Maqueville*, fille unique de

(183) De CARNÉ, *Les pages des écuries du Roi*, p. 102-106. — CHÉRUEL, *Dictionnaire des institutions de la France.*

(184) Le comte Henri de Beaucorps dit dans ses souvenirs que son grand-père fut premier page de Louis XV avant d'être écuyer du Roi. Nous n'en avons aucune preuve.

(185) CHÉRUEL, *Dictionnaire des institutions.*

Charles, éc., et de Marie-Angélique de Joubert ; le contrat fut passé le 20 mars suivant (186).

Les du Souchet étaient originaires d'Angoulême où ils remplissaient, au xvie siècle, les fonctions d'avocats au Présidial. Anoblis avant 1600, ils reçurent pour armes : d'or à la souche de sinople surmontée de 3 étoiles d'azur en chef (187). Ils ont formé 3 branches : celle des Gentils, celle de Villars (par. de Garat) et celle de Malleran. Marie-Angélique Joubert, qui épousa par contrat du 17 décembre 1736 Charles du Souchet, et lui apporta la terre de Saint-Christophe (par. de Retaux, près Saintes) appartenait à une vieille famille Saintongeaise (188).

Après son mariage François de Beaucorps ne paraît pas avoir conservé longtemps sa charge d'écuyer du Roi. Il aurait pu obtenir un grade dans l'armée, mais il préféra rester en Saintonge où il possédait de nombreuses propriétés. Sa femme lui avait apporté en dot la terre de Villars (par. de Garat, en Angoumois). Il la vendit le 19 juin 1761. Cela lui permit de racheter à la famille David la seigneurie d'Annezay, toute proche de son château de la Bastière, que ses ancêtres avaient possédée ; il la paya, paraît-il, 46.000 livres.

A la mort de son beau-père, il devint seigneur de *Saint-Christophe*. Cette terre, située en la paroisse de Retaux, au S.-O. de Saintes, comprenait : maison, borderie et servitudes, cour, jardin, guéreux, champ fruitier, motte, 8 hectares 20 de terre labourable, 4 hectares 27 de pré, 1 hectare de vignes et 5 hectares 64 de bois (189).

En 1774, François de Beaucorps acheta au comte de Lescours la terre de *Parençay* qui avait fait partie autrefois de la baronnie de Surgères. Elle comprenait une maison seigneuriale, au hameau de Parençay (par. de Bernay), à laquelle étaient attachés des droits féodaux et redevances seigneuriales, les métairies du Cour-

---

(186) Guichard, not. royal en Saintonge. — Preuves de Malte. Charles du Souchet était fils d'Armand, éc., sgr d'Auchiers, et de Marie Frotier. Marie-Angélique Joubert était fille de François-Alexandre, sgr de Saint-Christophe, et de Jeanne de Montalembert. — Voir contrats de mariage et autres pièces aux archives du marquis de Beaucorps.

(187) Ces armes ont été enregistrées par d'Hozier, Généralité de Limoges, Angoulême, reg. I, n° 90.

(188) Les arch. du marquis de Beaucorps renferment des titres anciens concernant les Joubert : contrats de mariage depuis 1595, etc. Il y avait plusieurs familles de ce nom. Un Pierre Joubert était sgr de Mornac Ribion, Saujon. Les Joubert de Saint-Christophe ne paraissent pas être de même souche que ceux de Tonnay-Boutonne dont un membre, Lévy, fils d'un notaire, et lui-même juge sénéchal, épousa en 1645 Dorothée de Beaucorps. Les premiers furent confirmés dans leur noblesse en 1698 par l'intendant de la Rochelle.

(189) Partage révolutionnaire (1798).

deau et de Varzay (par. de Puyrolland), le domaine de Breuil-
Chopin (par. de Breuil), le domaine et la seigneurie de Machecou
(par. de Puyrolland), qui comprenait le droit de haute, de moyenne
et de basse justice. Cette acquisition fut payée 150.000 livres.
Quelques années après, en 1778, y fut ajoutée la métairie de
Pyroli (par. de Puyrolland) achetée moyennant une rente de 300
livres.

Ces différentes acquisitions, jointes aux anciennes terres de
la Bastière, Cherves, la Boisselée, constituaient une fortune territoriale assez importante. M. de Beaucorps était aidé dans la gestion de ses biens par le notaire Jacques Desuze, auquel il donna
le titre de procureur fiscal. En 1777 il le chargea d'assigner ses
tenanciers et emphitéotes de la châtellenie de Saint-Christophe,
du fief de Loubières, et autres dépendances, pour les obliger à
fournir des déclarations, et de faire une carte de la châtellenie
et un plan de chaque fief en vue du dénombrement à fournir aux
suzerains. Pour prix de son travail, il lui abandonnait la moitié
des arrérages de rentes dues depuis 1771 et non payées. L'année
suivante il lui confiait la vérification des terres de Parençay et
Machecou, l'arpentage des terres et la vérification des rentes, lui
laissant le profit des rentes non payées depuis 29 années. Le notaire s'acquitta d'ailleurs assez mal de son travail, se montrant
peu empressé à faire payer les créanciers, d'où procès avec le
marquis de Beaucorps (190).

Après l'acquisition de Parençay, le château de la Bastière où
François de Beaucorps avait résidé presque continuellement, et
le logis d'Annezay où il habitait de temps en temps furent déser-
tés, et on se fixa à Parençay qui devint le centre de famille. On
ne résidait que temporairement à Saint-Jean d'Angély, en la maison du Grand Logis.

Le comte Henry de Beaucorps, qui mourut très âgé, nous a
laissé de curieux détails sur son grand-père et sur la vie qu'il
menait à Parençay.

« Depuis son mariage jusqu'à sa mort il s'occupa beaucoup de
« l'élevage des chevaux. Il défendait de les monter avant l'âge
« de 5 ans. Il en avait presque toujours une soixantaine dans
« ses écuries de la Bastière et de Parençay, ce qui n'empêchait
« pas sa femme et sa fille d'aller à la messe à pied.

« Le marquis de Beaucorps aimait passionnément la chasse.
« Il avait une superbe meute de race pure de Saintonge, enviée
« des meilleurs chasseurs du pays. Peu d'années avant sa mort,

(190) Arch. du vicomte Henry de Beaucorps. — Dans les pièces de ce procès, François de Beaucorps est qualifié marquis, titre qui lui sera encore
attribué dans son acte de décès.

« on vint lui dire qu'un vieux loup avait dévoré un mouton et
« mis le désordre dans le troupeau, près du château de Parençay.
« Il attaqua aussitôt l'animal qui fut pris par la meute dans le
« bois des Ormes appartenant au marquis le Voyer d'Argenson,
« lequel se joignit à mon grand-père et le reçut chez lui à la fin
« de la chasse (191). »

A la suite de cet exploit, M. d'Argenson offrit à M. de Beaucorps
20.000 livres de ses 20 chiens qu'il avait vus si bien travailler.
Naturellement il n'accepta pas le marché ; mais, après sa mort,
sa veuve vendit ses chiens 100 écus pièce (192).

Le marquis de Beaucorps mourut prématurément et d'une manière soudaine, âgé seulement de 51 ans. Très bon parent il aimait
à visiter les membres de sa famille et en particulier son cousin
Guillaume de Beaucorps de l'Epineuil. Se trouvant chez lui à
l'Epineuil, près Saintes, il se sentit mal à l'aise. Au lieu de différer
son départ, comme on le pressait de le faire, il se mit en route
pour aller rejoindre sa femme à Saint-Jean où il lui avait promis
de se trouver ce jour-là. Il était à cheval accompagné de son domestique. Arrivé à moitié route, entre Saintes et Saint-Jean, il
se sentit de plus en plus souffrant. Son domestique l'aida à descendre de cheval, le fit asseoir au bord de la route, et quelques
instants après il expirait. C'était le 8 avril 1783. Son corps fut
transporté du lieu de son décès, qui était sur la paroisse d'Ecoyeux,
à Saint-Jean, où, après un service célébré en l'église paroissiale,
il fut inhumé le 10 avril dans le cimetière des Pères Capucins,
sans doute à cause d'un désir exprimé par le défunt qui était ami
et bienfaiteur de ce couvent (193).

Il laissait 9 enfants, dont plusieurs en bas âge : leur mère sollicita et obtint un jugement de la Sénéchaussée de Saint-Jean,
du 26 juin 1783, la reconnaissant comme tutrice. Elle assuma
ainsi la lourde charge d'administrer une fortune territoriale esti-
mée 1.500.000 livres .

X. — Les enfants de François de Beaucorps jusqu'à la Révolution.

1° *Henriette-Charlotte*. Elle naquit à Saint-Christophe le 30
octobre 1762, fut ondoyée à l'église de Retaux le 3 novembre et

(191) Récit recueilli par le comte Jean de Beaucorps.
(192) Souvenirs du comte Henry de Beaucorps.
(193) Le comte Henry de Beaucorps, à qui nous devons ces détails sur la
mort de son grand-père, dit qu'il fut inhumé dans le cimetière de Saint-Jean,
et son cœur conservé à l'abbaye des Bénédictins. L'acte d'inhumation, que
nous possédons, ne mentionne rien de tel.

baptisée en celle d'Annezay le 13 août 1764 (194). Elle épousa le *17 octobre 1786* son cousin-germain Louis-Armand-Auguste vicomte *du Fay*, fils de Louis-Armand-Philippe et de Louise-Henriette de Beaucorps. De ce mariage étaient nés plusieurs filles, dont 3 se firent religieuses, et deux fils. L'aîné, François-Henri-Georges-Louis-Charles, fut officier au Royal-Etranger-cavalerie, et le cadet, Louis-Armand-Auguste-Henri, né à Vandré le 11 mars 1763, après avoir été reçu chevalier de Malte en 1780, devint officier au régiment Colonel-général-infanterie (195).

2° **Pierre-Louis** (Mis de la Bastière).

Né à la Bastière le 28 janvier 1764, il fut ondoyé à Saint-Pierre d'Annezay le 29, et baptisé le 13 août suivant. Il eut pour parrain son oncle Pierre-Louis, et pour marraine Marie-Angélique Frotier (196). Son père lui donna le nom de sa principale terre, celui de la Bastière.

Lorsqu'il eut l'âge requis, son père le fit admettre comme *page* aux écuries du Roi. Il fallait pour cela prouver la noblesse de sa famille depuis 1500, être âgé de 15 à 16 ans, avoir au moins 5 pieds 2 pouces de taille, être bien fait et doué d'une jolie figure. Les admissions étaient prononcées, pour la Grande Ecurie, par le Grand Ecuyer, et pour la Petite Ecurie par le Premier Ecuyer. C'est à eux que l'on présentait les preuves de noblesse. L'admission donnait lieu à un droit d'entrée qui fut abaissé vers 1753 à 400 livres.

Une fois admis, on restait 3 ans à l'école des pages, après quoi on était incorporé à un régiment comme sous-lieutenant. Vers la fin de l'ancien régime on attendait souvent son tour pour être pourvu d'un grade.

Les fonctions des pages consistaient à accompagner le Roi à la chasse, lui tenir l'étrier quand il montait à cheval, monter sur la voiture à deux chevaux, servir à table les invités du Roi, le suivre en campagne.

L'institution des pages fut définitivement organisée sous Louis XIV. Leur nombre fut fixé en 1725 à 45 pour la Grande Ecurie et 30 pour la Petite. Vers 1746 la Grande Ecurie comptait 54 pages. Louis XVI réunit les deux services et en fixa le personel à 50 (197).

Les pages désignaient l'un d'entre eux pour remplir les fonc-

(194) *Arch. historiques de la S. et de l'A., Mémoires*, t. XLII, p. 32.
(195) BEAUCHET-FILLEAU, *Dictionnaire des familles du Poitou*.
(196) *Arch. hist. de la S. et de l'A.*, t. XLII, p. 33.
(197) G. DE CARNÉ, *Les Pages des écuries du Roi* (1886).

tions de *premier page*. Entre autres prérogatives le premier page avait celle, lorsque le Roi allait à la chasse, de faire ramasser le gibier, d'en prendre note sur de petites tablettes et d'en faire la distribution suivant les ordres du Roi ; et comme on considérait comme un honneur de manger le gibier des chasses royales, il se faisait ainsi de nombreux amis (198).

Pierre-Louis de Beaucorps dut à sa conduite exemplaire, qui lui valait l'estime de ses camarades et l'affection de Louis XVI, d'être nommé premier page de la petite écurie.

Dans ce milieu plutôt léger, il resta toujours irréprochable, si bien que le Roi, surprenant un jour des pages en fredaine, leur dit en riant : « Prenez garde, Messieurs, car Beaucorps va vous voir (199). »

Louis XVI aimait beaucoup son premier page. Un jour, racontait son neveu le comte Henry de Beaucorps, au cours d'une chasse, il tomba de cheval ; le Roi mit pied à terre pour l'aider à se relever et lui fit servir un verre de vin. Il n'osa pas refuser, mais comme il ne buvait jamais de vin, il en fut incommodé. Louis XVI lui reprocha de ne l'avoir pas prévenu de ses habitudes de sobriété.

Le premier page avait l'avantage d'obtenir, à sa sortie de l'école, une compagnie de cavalerie. C'est ainsi que Pierre-Louis fut nommé, le 5 mai 1785, capitaine au Royal-Dragons. Lorsqu'il quitta la cour, le Roi le pria, au dire de sa fille Alexandrine, de choisir dans ses écuries un cheval tout sellé et bridé ; il prit une magnifique jument avec une selle de velours rouge qui fut longtemps conservée dans sa famille (200).

Un an après, le 26 avril 1786, Pierre-Louis contractait une belle alliance avec Charlotte-Henriette-Marie-Jeanne *de Milon de Mesme*, fille de Henri-André, chev., sgr de Bois-Bonnard (par. de Villeperdue, près Sainte-Maure), ancien officier aux gardes françaises, et de Marie-Madeleine *de Créquy* (201). M. de Milon, quoi-

(198) Comte d'HEZECQUES, *Souvenirs d'un page*. Cité par de CARNÉ, p. 62.

(199) Souvenirs d'Alexandrine de Beaucorps, recueillis par le comte Jean de Beaucorps.

(200) Le comte Henry de Beaucorps, dans ses souvenirs, parle seulement d'une selle et d'une épée que le roi lui aurait données suivant l'usage.

(201) La famille de Milon s'était distinguée par les hautes charges remplies par un grand nombre de ses membres, depuis Julien Milon, receveur de l'imposition foraine à Angers vers le milieu du xvie siècle. Ses descendants furent trésoriers de France à Tours et à Bourges, conseillers au Grand Conseil, Grands maîtres des eaux-et-forêts. Deux Milon furent aumôniers du Roi et évêques : l'un de Condom (1693-1737), l'autre de Valence (1725-1792). Les armes étaient : de gueules à la fasce d'or chargée en cœur d'une merlette de sable et accompagnée de 3 croissants d'or. Devise : « *Non est quo noceat.* » Mme de Beaucorps avait un frère, le comte Fortuné de Milon, qui

qu'ayant fait des dettes, était très pieux, bon sujet et charmant. Il était fort riche. Sa femme, Marie-Madeleine de Créquy, était fille de Jacques-Charles, marquis de Créquy, lieutenant-général, dernier représentant d'une des branches de cette illustre maison, car il n'eut que deux filles : Mme d'Aubéry, qui mourut sans postérité, et Mme de Milon.

Le mariage fut célébré en l'église de Magné, près Poitiers, où Mlle de Milon possédait, du fait de sa mère, la seigneurie de la *Roche de Gençay*, acquise après la vente de Bois Bonnard (202).- C'est là que le jeune ménage s'installa en attendant qu'on pût réaliser le projet de rebâtir la Bastière. Une fille y naquit le 22 juin 1787 et fut baptisée le même jour en l'église de Magné, sous le nom d'Alexandrine-Marie, puis un fils, Auguste-Ferdinand, le 20 janvier 1789.

3° *Marie-Françoise-Rosalie.*
Elle épousa le 7 janvier 1783 Louis-Aimable *Louveau de la Guigneraye*, lieutenant des vaisseaux du Roi, chev., fils de Louis-Alexis, capitaine d'infanterie, et de Marie-Thérèse de la Fitte (203).

4° *Jean*-Henri (dit le chevalier de Beaucorps ou M. de la Grange). Il fut baptisé le 16 octobre 1767 à Saint-Laurent-de-la-Barrière : Après avoir été page de S. A. R. la comtesse d'Artois, il fut nommé le 25 avril 1785 sous-lieutenant au régiment d'Artois-Dragons en garnison à Vaucouleurs. Il mourut prématurément âgé de 18 ans au château de l'Epineuil et fut inhumé à Sainte-Palais-de-Saintes le 13 novembre 1787.

5° *Henri*-Madeleine (dit M. de Cherves). Il reçut le baptême le 21 décembre 1768 à Saint-Jean d'Angély. Il désirait entrer dans la marine, mais sa mère réussit à l'en détourner. Elle l'emmena à Niort, et demanda au marquis de la Rochejaquelein, colonel du Royal-Pologne, qui tenait garnison dans cette ville, de prendre son fils dans son régiment. Il avait alors 17 ans. Les Beaucorps traitaient les La Rochejaquelein de parents, peut-être à cause de leur alliance commune avec les du Fay, ce qui explique le choix

épousa Mlle de Nieul, fut préfet de l'Indre et du Doubs sous la Restauration. Il mangeait sa fortune et sa sœur faillit se ruiner à payer ses dettes.

(202) La terre de la Roche de Gençay fut vendue pendant la Révolution à M. de Puyrenard.

(203) Famille des environs de Saint-Maixent. Elle blasonnait : d'azur au chevron d'or accompagné en chef de deux étoiles d'argent et en pointe d'une rose de même. Une branche de cette famille, les Louveau de la Règle, subsiste encore.

de ce régiment. En quelques jours Henri-Madeleine parcourut les grades de cavalier, sous-officier et officier. Il allait passer ses congés chez son colonel à la Durbelière, près de Saint-Aubin de Baubigné, et se lia avec son fils Henri, le futur héros de la Vendée, de deux ou trois ans plus jeune que lui. Celui qui devait se montrer un chef intrépide, était alors très timide ; il avait peur des écureuils, des belettes ; son ami lui apprit à monter à cheval et, sur la demande de son père, il l'emmenait à l'affût aux lapins pour l'aguerrir.

Le régiment de Royal-Pologne fut envoyé à Libourne, où il tint garnison avec le régiment de Champagne-Infanterie, puis à Lyon, où M. de Menou vint remplacer le marquis de la Rochejaquelein, peu avant la Révolution. On forma alors le complot de faire passer la frontière au régiment tout entier, les officiers et les hommes étant dévoués à la cause royale, et d'aller rejoindre l'armée des princes. Un officier de fortune, nommé Guillaume Petit, mis dans le secret, trahit ses camarades. M. de Menou et plusieurs officiers supérieurs furent arrêtés et guillotinés. Henri-Madeleine s'en tira indemne ; peu de jours après il réussit à s'échapper et vint à Parençay d'où il devait partir bientôt pour l'émigration (204).

6° *Agathe*. Elle mourut avant la Révolution à Parençay âgée de 18 ans.

7° Armand-*Angélique* (dit M. de Livois).
Il naquit à la Bastière et fut baptisé le 5 décembre 1772, en l'église d'Annezay.

8° Henri-*Charles*-Marie (dit M. de Péré).
Il naquit à la Bastière le 8 sept. 1774 et fut baptisé le même jour à Saint-Laurent. On le mit en pension à Niort. Un jour que Mgr de la Rochefoucauld, évêque de Saintes, était venu donner la confirmation dans une paroisse voisine qui dépendait de son diocèse, on fit venir le jeune Charles pour qu'il fût confirmé par son parent (205). Les Beaucorps en effet n'avaient pas oublié leur lien de parenté avec les la Rochefoucauld. Peu d'années après, Pierre-Louis de la Rochefoucauld devait tomber victime du massacre des Carmes ainsi que son frère, évêque de Beauvais.

<hr>

(204) Souvenirs d'Alexandrine de Beaucorps et du comte Henry de Beaucorps.
(205) Souvenirs de la comtesse de Troguindy. Le comte Henry de Beaucorps, qui rapporte ce fait, dit que son père fut confirmé, dans la chapelle épiscopale de Saintes sur le désir de Mgr de la Rochefoucauld.

En 1786 Pierre-Louis chercha à faire admettre ses deux plus jeunes frères à l'école des pages ; mais il fallait avoir 14 ans révolus et Charles n'en avait que 11 ou 12. Il manifesta le désir d'entrer dans la marine et bien que sa mère redoutât fort les dangers de cette carrière, elle se décida à l'envoyer à l'école militaire de la marine, à Vannes, où il eut pour camarades un Martel, de Cognac, et de Villèle le futur ministre de Charles X.

9° *Auguste*-François (dit M. de Parençay) (206).

Né à Parençay le 27 mars 1776, il fut baptisé le lendemain en l'église de Bernay.

Il n'avait que 3 ans lorsque son père le fit admettre de minorité, ainsi que son frère Charles, âgé de 5 ans, dans l'ordre de Saint-Jean-de-Jérusalem, dit *ordre de Malte*. Cet ordre, à la fois militaire et religieux, avait pris naissance en Palestine et remontait à la communauté des frères hospitaliers de l'hôpital Saint-Jean-Baptiste à Jérusalem. Les Croisades donnèrent à l'institution un caractère militaire. Après la prise de Jérusalem, les religieux se retirèrent à Saint-Jean-d'Acre, puis dans l'île de Chypre, enfin dans l'île de Rhodes, conquise par eux en 1809-1810. Chassés de cette résidence par Soliman, ils reçurent de l'empereur Charles-Quint l'île de Malte dont ils prirent le nom.

Il y avait plusieurs catégories de chevaliers ; les uns étaient dits de majorité, les autres de minorité. Les premiers étaient reçus à 16 ans accomplis et se rendaient à Malte, dans leur vingtième année ; les seconds étaient admis provisoirement dès leur naissance ou en bas-âge, quitte à faire plus tard leurs preuves de noblesse ; ils venaient à Malte à l'âge de 25 ans faire leur noviciat et accomplir ce qu'on appelait des caravanes, c'est-à-dire des voyages sur les navires de l'ordre (207).

Charles et Auguste de Beaucorps furent reçus dans l'ordre de Malte (prieuré d'Aquitaine) comme chevaliers de justice par bref du pape du 17 avril 1779, confirmé par bref du grand maître du 8 mai 1779. Cette admission donna lieu à un droit d'entrée qui fut pour chacun d'eux de 6.976 livres 10 sols. L'admission définitive était subordonnée à une enquête sur la noblesse des postulants qui fut confiée, nous l'avons vu, en 1789, aux chevaliers de Brémond, de la Laurencie, Duchesne de Saint-Léger et de Villedon.

(206) Après la Révolution Auguste de B. porta le nom de Parençay, bien que cette terre appartînt à son frère Charles.

(207) Louis de LA ROQUE, *Catalogue des chevaliers de Malte*. Préface.

CHAPITRE V

TERRES & SEIGNEURIES POSSÉDÉES PAR LES BEAUCORPS

AUX XVIIe ET XVIIIe SIÈCLES

SAINTONGE ET AUNIS

Annezay.

La première terre possédée par les Beaucorps fut celle de Châteaubardon apportée à Antoine de Beaucorps en 1571 par sa première femme, Isabeau de Sainte-Hermine, veuve de Jean Poussard, sgr de Châteaubardon. Avant 1584 elle fut vendue par Antoine à Jeanne de Montmorency, dame de la Trémoille. Sans doute avait-il en vue la seconde union qu'il devait contracter l'année suivante avec Dorothée de la Jaille et qui lui apporta la seigneurie d'Annezay.

Annezay était une petite paroisse située entre Surgères et Tonnay-Boutonne, à 3 lieues environ de la première et une lieue de la seconde. Les Bouchard en étaient seigneurs depuis longtemps ; Jeanne Bouchard apporta ce fief à *René de la Jaille*. Le mariage de leur fille avec Antoine de Beaucorps fut contracté le 25 novembre 1585 au logis noble d'Annezay et célébré ensuite à l'église réformée de Saint-Jean-d'Angély.

Henri, fils d'Antoine, est dit seigneur d'Annezay dans son contrat de mariage avec Esther Garnier (1608) et le partage noble de 1619 lui en confirma la possession pour son droit d'aînesse. Il y fixa alors sa résidence. Son fils Henri, en 1630, légua ses biens à son oncle Pierre, seigneur de la Grange ; mais celui-ci, en 1638, renonça au testament fait en sa faveur au profit de ses nièces. Celles-ci continuèrent à habiter Annezay avec leur mère. En 1643 les quatre sœurs, alors mariées, vendirent une partie de la terre d'Annezay. Le surplus, avec le logis, échut en partage à l'une d'elles, Elisabeth, mariée à *Yves David*, sgr des Marais ; c'est là qu'elle fit en 1676 son testament.

Ses petits-enfants mineurs, Pierre et Daniel David, héritèrent de la seigneurie d'Annezay ; un partage intervint qui l'attribua à l'aîné. Il y mourut en 1751 âgé de 66 ans et fut inhumé dans l'église d'Annezay. Son fils *François David* vendit la seigneurie d'Annezay en 1763 pour 46.000 livres à son cousin *François de Beaucorps*. Il mourut peu d'années après, le 2 mars 1766, et fut inhumé dans le cimetière de cette paroisse (208).

François de Beaucorps résidait de temps en temps à Annezay, bien que son domicile habituel fût la Bastière ; son fils aîné Pierre-Louis y fut ondoyé (29 janvier 1764) et baptisé (13 août) ainsi que sa sœur Henriette-Charlotte.

Le 27 mai 1781, François de Beaucorps rendait hommage au seigneur de *Landes et Saint-Loup*, deux paroisses situées entre Annezay et Saint-Jean-d'Angély, « pour raison du dit bourg, château, châtellenie, terre et seigneurie d'Annezay, fiefs, meubles en dépendant, circonstances et dépendances, ayant tous droits de haute, de moyenne et basse justice, fuye, garenne, moulins, biaux et corvées, four banier, marais, droit de pêche, roussages, paccages, droit de retrait féodal et amende à muance d'homme » (209).

Le domaine d'Annezay fut saisi en 1793, comme bien d'émigré, sur les enfants de François de Beaucorps. Il comprenait alors une grande métairie, deux borderies, 6 hectares 83 ares de pré en réserve, un petit vignoble, des bois taillis et futaie. Le tout fut mis en vente au profit de la nation les *22 et 23 frimaire an III* (12 et 13 déc. 1794) et adjugé pour le prix de 126.136 francs à Pierre-Henri *Barat*, notaire à Tonnay-Boutonne et Annezay. Après la Révolution, en 1800, il consentit à rétrocéder cette terre de famille à *Auguste de Beaucorps*, marié à Mlle Machat de Pompadour, qui fut nommé officier public en 1808, puis maire d'Annezay en 1810. Après sa mort, en 1825, sa veuve déserta Annezay et finit par le vendre en 1833 à Louis *Lenfant* et Anne-Adélaïde Savigny son épouse, demeurant à Bois-Grolaut (Vendée). Il est maintenant la propriété de M. Ernest *Roux* (210).

Le logis d'Annezay est formé d'un bâtiment rectangulaire couvert en tuiles flanqué dans son angle sud-est d'une tour ronde couverte en ardoises. Les murs extérieurs sont blanchis à la chaux suivant l'usage du pays. Tout a été remis à neuf après l'acquisition de 1849. Il n'y a pas de moulures aux fenêtres. Seule une porte du côté ouest a des moulures du xviie ou du xviiie siècle. Une porte dans un mur de clôture porte la date de 1726.

---

(208) *Arch. hist. de la S. et de l'A.*, Mémoires, t. XLII.

(209) *Arch. départ. de la Char.-Inf.* — Le droit de retrait féodal était le droit pour le seigneur de se substituer à l'acquéreur d'un bien dans l'année de la vente, après un simple avertissement, en versant le prix de l'acte.

(210) En 1825 la terre d'Annezay s'étendait sur les communes d'Annezay, Saint-Crépin, Puyrolland, Saint-Laurent et Saint-Loup. Elle était louée 1.800 francs.

La façade extérieure donne sur un petit jardin en terrasse au pied duquel est un vivier ne tarissant jamais ; au-delà un pré assez étendu. Du côté ouest est une cour encadrée de bâtiments d'exploitation. On y accède par une grille au bout de l'avenue d'arrivée sans arbres.

L'escalier n'est pas dans la tour ronde, mais dans une sorte de tour polygonale engagée dans le bâtiment principal du côté de la cour, sans toiture particulière. Au sud de la tour d'escalier, le bâtiment en retrait laisse place à une courette. L'escalier communiquait avec cette courette par une porte, murée aujourd'hui, surmontée d'un blason gratté ; dans le haut de la tour, au-dessus de cette porte, existe une bretêche. De cette courette on peut descendre dans la cave, bien pavée et voûtée, où existe une source qui amène une eau bien limpide dans un bassin quadrangulaire. Un conduit emporte le trop plein sous le corps de logis jusqu'au vivier.

Du logis, la vue n'est étendue que des étages supérieurs. Quand on est au niveau du sol, elle est formée par les bords du côteau d'Annezay qui vont en se relevant un peu à l'est et à l'ouest, au midi, par le bourg d'Annezay avec sa petite église au clocher carré, datée de 1691.

L'avenue du château vers l'ouest conduit au chemin d'Annezay à Chervettes (4 kilom.) qui passe devant la Bastière. En prenant cette route au départ d'Annezay, à quelques centaines de mètres de ce village, le terrain est en pente rapide vers le nord et la vue est très étendue.

Nous savons par les registres paroissiaux qu'un jeune Ignace de Beaucorps, âgé de trois semaines, fut inhumé dans l'église d'Annezay le 28 novembre 1736.

La Grange (paroisse de Saint-Crépin).

Actuellement la Grange est une ferme importante de la commune de Saint-Crépin, à 2 kilomètres 1/2 environ de l'agglomération principale, à 1 kilomètre de la route de Muron à Tonnay-Boutonne. Elle est en bordure du Marais qui n'a en cet endroit que 3 kilomètres de largeur, marais qui a été transformé en pâturages de valeur par tout un système de fossés se coupant à angles droits.

Autrefois la Grange était une maison noble et une petite seigneurie dont le possesseur était tenu à hommage lige et rachat envers le seigneur de *Tonnay-Boutonne* (211). Elle possédait deux

---

(211) *Arch. hist. de la S. et de l'A.*, t. xv, p. 315.

pigeonniers, ce qui était un droit féodal. Il y avait dans la même paroisse deux autres seigneuries : le logis de Saint-Crépin et Azay (à 2 kilomètres de la Grange vers Genouillé) qui possédait droit de haute justice.

Nous trouvons pour la première fois le nom de la Grange associé à celui de Beaucorps dans une convocation pour le ban et arrière-ban adressé en 1635 à *Pierre de Beaucorps*, fils d'Antoine, qualifié seigneur de la Grange. Le même titre lui est donné dans son contrat de mariage avec Gabrielle de Villedon (1639). Cette seigneurie passa après lui à son 3ᵉ fils *Amaury*. Celui-ci n'ayant eu qu'une fille mariée à Daniel Chasteignier, laquelle mourut sans enfants, la Grange échut au cousin de celle-ci, *Elie*, et fut attribuée par lui à son second fils, *Jacques-Elie*, qui en porte le nom dans le contrat de mariage de son frère en 1727. Sa sœur Madeleine-Elisabeth s'appelait aussi de Beaucorps de la Grange.

Par son testament, signé à la Grange le 15 juin 1770, Jacques-Elie légua cette seigneurie à son neveu *Pierre-Louis*, avec les meubles se trouvant dans la seigneurie. Celui-ci entra en possession du legs après la mort de son oncle, décédé en 1777. Il se qualifiait seigneur de la Grange et y résidait souvent. En 1780 sa femme, née Adélaïde de Lambertye, fut marraine d'une cloche à Saint-Crépin, dont la parrain fut son beau-frère François, sgr de la Bastière.

A la mort de Pierre-Louis, décédé sans postérité en 1786, la Grange paraît avoir été attribuée à l'un de ses neveux, *Jean-Henri*, qui mourut l'année suivante âgé de 18 ans ; il s'appelait M. de la Grange. Elle resta alors indivise entre les autres enfants de François de Beaucorps.

Un aveu et dénombrement rendu le 25 juillet 1746 par Elie de Beaucorps à Louis-Armand de Lescours nous apprend que la Grange relevait féodalement de la seigneurie de *Machecoult* (par. de Puyrolland), « sans foi et sans hommage lige ni plaint, mais seulement à un devoir noble de cinq sols de monnaye courante de morte main à muance d'homme » — qu'elle s'appelait autrefois fief de *La Roche* et avait compris des maisons appelées *Yvrai* et la *Fragnée* — qu'elle possédait droit de justice moyenne et basse. Les dépendances se composaient de terres labourables, vignes, prés et buissons, et d'après les confrontations indiquées dans l'acte, la contenance était d'environ 150 hectares, dont la moitié environ devait être à des tenanciers, puisque la vente comme domaine national n'indiquait que 76 hectares.

Le domaine de la Grange fut compris dans les biens séquestrés en 1792 sur les frères de Beaucorps, dont plusieurs étaient émigrés, et vendu aux enchères par le district de Rochefort le 3 pluviose an III (*22 janvier 1795*). La paroisse de Saint-Crépin avait alors changé son nom, pour se mettre à la mode du jour, en celui de Joug-Rompu. Le domaine de la Grange fùt divisé en 9 lots. Le premier comprenait : une maison de maître, granges, écuries, fournil ou remise, deux fuies, un pavillon non fini, une métairie, quereux et jardin, 15 journaux de prés en deux pièces appelés pré du logis et y confrontant au levant, etc. Ce lot ainsi que les 4ᵉ, 5ᵉ, 6ᵉ et 9ᵉ, le tout formant une superficie de 76 hectares, fut adjugé aux sʳˢ Pierre Brand, marchand à Genouillé, et Louis Brand, marchand à Rochefort ; savoir : le 1ᵉʳ lot, 92.500 livres et les autres 12.872 livres (212).

Après avoir changé plusieurs fois de main et donné lieu à des procès, le domaine de la Grange fut acquis le 31 juillet 1846 par Pierre-Charles *Rivière*, négociant à Mauzé (Deux-Sèvres), pour le prix de 85.000 francs. La contenance était alors de 89 hectares 56 ares. Après la mort de l'acquéreur (1867) il passa à son fils Louis Rivière qui le possède actuellement.

La Grange a conservé quelque chose de son caractère seigneurial, puisqu'à l'entrée de la cour s'élèvent deux hauts pigeonniers ou fuies. Au fond de la cour et sur toute sa largeur le château existe encore, mais en fort mauvais état ; il n'est plus habité depuis 1880 ; les boiseries intérieures indiquent que la construction remontait au début du XVIIᵉ siècle. Elle était déjà en mauvais état à la veille de la Révolution puisque les propriétaires en avaient commencé la reconstruction : il existait en effet un pavillon élevé de deux étages sur rez-de-chaussée et couvert en ardoises qui était le commencement du nouveau château ; les ouvertures et les parquets n'ont jamais été posés. Ce pavillon fut dérasé en 1890 et transformé en hangar pour les machines agricoles. La contenance actuelle du domaine doit être de 91 hectares et le prix de location de 8.000 francs (1921) environ. Les terres sont assez bonnes.

Cherves ou Chervettes.

Cherves est le nom ancien d'une petite paroisse située entre Surgères et Tonnay-Boutonne, à 8 kilomètres de la première et 10 de la seconde. Peu à peu aux XVIIᵉ et XVIIIᵉ siècles la forme Chervettes a prédominé et elle désigne aujourd'hui une commune

(212) Ces renseignements et ceux qui suivent ont été communiqués en 1921 au baron François de Beaucorps par M. Louis Rivière, propriétaire de la Grange, demeurant à Paris.

de 300 habitants environ, du canton de Tonnay-Boutonne (arr^t de Saint-Jean-d'Angély). L'église est petite (6 m. sur 35 environ), voûtée en berceau. La porte présente quelques moulures du xve siècle sans grand intérêt. La cloche, qui paraît neuve, est suspendue au-dessus du pignon de la façade. Le village a l'air assez riche et les terres paraissent bien cultivées. Le pays est plat.

Pendant plus d'un siècle les Beaucorps ont été seigneurs de la paroisse et du fief de Cherves. Le premier ainsi qualifié paraît être *Louis*, seigneur de la Bastière, fils de David et de Jeanne Affaneur. A ce titre il conclut le 7 avril 1693 un échange avec Marguerite de Châteauneuf, veuve de Léonard de la Rochalar, dame du Fief (213).

De son second mariage avec Elisabeth Husson, Louis de Beaucorps eut deux filles dont l'aînée épousa en 1695 son cousin *Elie de Beaucorps*. Celui-ci hérita de Cherves et fut inhumé en 1744 dans le cimetière de cette paroisse. Son fils *Louis-Charles* fut à son tour seigneur de Cherves. Une de ses sœurs, Henriette, en portait aussi le nom, tandis que l'autre s'appelait de la Grange. En 1750 Louis-Charles, qui habitait à la Bastière, fait défense aux habitants de Cherves de le porter au rôle des tailles pour une métairie qu'il entend faire valoir lui-même. C'est dans le chœur de l'église Notre-Dame de l'Assomption de Cherves qu'il fut inhumé le 9 février 1755 en présence de 12 curés ou vicaires (214).

Dans le partage noble du 27 juin 1755, Cherves est attribué à l'aîné, *François*, qui donna le nom de cette terre à son troisième fils Henri-Madeleine.

A aucun moment les Beaucorps n'ont résidé à Cherves. Sans doute n'y avait-il pas d'habitation convenable. D'ailleurs leur château de la Bastière était tout proche. Le fait que Elie et Pierre-Louis se firent inhumer à Cherves plutôt qu'à Saint-Laurent-de-la-Barrière, leur paroisse, semble indiquer qu'au point de vue féodal la Bastière était moins important que Cherves, bien que plus étendue, ayant 200 hectares, tandis qu'il n'y en avait peut-être que 40 à Cherves : mais ici ils étaient seigneurs de paroisse et pas à Saint-Laurent.

La seigneurie de Cherves était unie à celle de *la Boisselée* (par. de Genouillé). Dans un hommage de 1604, elles sont indiquées comme dépendances de la chatellenie du Fief (215). Cela est

---

(213) Arch. du vicomte Henry de Beaucorps.

(214 Registres paroissiaux de Cherves. Un extrait ancien des registres de Cherves se trouve dans les archives du baron François de Beaucorps.

(215) *Arch. hist. de la S. et de l'A.*, t. xv, p. 310.

contredit par un aveu et dénombrement rendu le 9 juillet 1699 par Louis de Beaucorps aux seigneurs et dames de Tonnay-Boutonne (216). Il déclara dans cet acte tenir desdits suzerains à foi et hommage, devoir de merci et rachat, les seigneuries de Chervettes, les Quatre-Seigneurs et la Boisselée. La première comportait droit de basse justice, maison noble, fuies, garenne, four et moulin banaux, droits de corvée, cens, rentes, lods et ventes. Elle s'étendait, semble-t-il, sur toute la commune actuelle de Chervette, qui a 396 hectares ; le prieur de Chervettes possédait toutefois soit personnellement, soit en indivision avec le seigneur, une partie des terres et certaines maisons du bourg.

Il est dit dans cet acte, que la *seigneurie du Fief*, paroisse de Genouillé, relève du seigneur de Cherves à foi et hommage lige et devoir de merci. Elle consiste en maison noble, fuie, vivier, garenne, prés, bois, terres labourables, marais, motte, verger, moulin, fiefs, terrage, complant, cens, ventes, droit de guet, biens, corvées, devoirs, servitudes, droits de lods et ventes, de mesurage de blés et muis et « mesteries ».

La Boisselée.

Actuellement la Boisselée est un hameau de la commune de Genouillé, comprenant une dizaine de feux. Il ne subsiste aucune trace de l'ancienne seigneurie, unie à celle de Cherves.

Elle pouvait avoir 3 à 400 hectares, s'étendait depuis Beauroux à l'est, jusqu'à la Boisselée, sur une faible largeur ; elle comprenait le village des Rues et celui de la Boisselée ; elle confrontait à l'est avec les seigneuries des Quatre-Seigneurs et de Saint-Laurent, au sud, avec celle de Genouillé, qui comprenait la métairie de Bouron, à l'ouest, avec celle du Fief.

Les droits seigneuriaux comprenaient : basse et moyenne justice, fuie, garenne, four et moulin banaux, droit de mesure, cens, rentes, terrages, complants, biens, corvées, lods et ventes, honneurs (217).

Les Quatre-Seigneurs.

La seigneurie ainsi appelée se trouvait du côté de la Bucherie,

(216) Arch. du vicomte Henry de Beaucorps.

(217) De la seigneurie de la Boisselée dépendait le moulin à eau de Bijaroux, qui se trouvait à l'extrémité est de cette seigneurie, au croisement des chemins allant de la Bucherie au village de Magné, et de Saint-Laurent à Vandré, sur la paroisse de Saint-Laurent. Le 5 août 1724 Elie de Beaucorps arentait ce moulin à rente seigneuriale, non amortissable, en faveur de Michel Lafoye, farinier. — Arch. du vicomte Henry de Beaucorps.

de l'Oulerie et confinait à celle de Vandré. Elle comportait le droit de basse justice.

D'après le dénombrement de 1699 Louis de Beaucorps en était seigneur pour un quart. En 1709, Elie de Beaucorps signe un compromis avec Louis de Fay, sgr de Vandré, au sujet des limites de Vandré et des Quatre-Seigneurs.

La Bastière (par. de Saint-Laurent-de-la-Barrière).

Le château de la Bastière était situé paroisse de Saint-Laurent-de-la-Barrière, à 2 kilomètres de cette localité, et à peu près à la même distance de celle d'Annezay. La propriété s'étendait sur Saint-Laurent, Annezay et Genouillé (7 kilomètres).

Saint-Laurent est une petite commune de 130 habitants (1911) ayant une superficie de 829 hectares. Les terres sont de qualité médiocre, argileuses et froides. Il n'y a que très peu de vignes. Auprès de l'église, il n'y a que deux ou trois maisons de cultivateurs.

Entre cette agglomération et la Bastière se trouve un hameau d'une dizaine de feux dit *la Savinière* comprenant les bâtiments d'une ferme qui dépendait de la Bastière ; ces bâtiments ont été vendus en 1905.

L'église est très pauvre et petite, la façade est surélevée et percée de deux ouvertures pour recevoir les cloches ; l'une seulement renferme une petite cloche. D'après la tradition elle aurait eu pour parrain Henri-Auguste (?) de Beaucorps et pour marraine Marie-Madeleine du Souchet, femme de François de Beaucorps.

D'après les souvenirs du comte Henry de Beaucorps, plusieurs membres de la famille auraient été enterrés dans l'église de Saint-Laurent. Les cinq pierres tombales encastrées dans le pavage, n'ont plus que des fragments d'inscriptions ; l'une, datée de 1657, ne paraît pas se rapporter aux Beaucorps ; deux autres sont des tombes d'enfants. Il existait, paraît-il, deux tombes de la famille de Beaucorps, l'une devant l'autel et l'autre dans la nef, dont les inscriptions étaient encore visibles vers 1830 (218).

La Bastière n'était pas la seule seigneurie de la paroisse, il y avait celle de la Tournerie, celle de la Bucherie qui appartenait aux Beaucorps, celle de Saint-Laurent dont les possesseurs étaient sans doute seigneurs de la paroisse.

David de Beaucorps est le premier qualifié seigneur de la Bu-

____

(218) Souvenirs de la famille Birolleau, qui habitait à Saint-Laurent, recueillis en 1878 par le vicomte Maxime de Beaucorps.

cherie dans le partage des biens de son père (*16 février 1619*). Lorsqu'il épousa, en 1625, Jeanne Affaneur, il y résidait. Après lui son fils *Louis* habita la Bastière et en porta le nom. Il mourut en 1706, laissant cette seigneurie à sa fille Elisabeth, mariée à son cousin *Elie de Beaucorps*. Ceux-ci en 1740 firent un partage de leurs biens entre leurs enfants et attribuèrent à *Louis-Charles* pour son droit d'aînesse la Bastière, Cherves et la Boisselée. François, fils de Louis-Charles, devint seigneur de la Bastière à la mort de son père (9 février 1755). En 1773 il rendit à ce titre hommage, aveu et dénombrement au vicomte de Lescours, chev., sgr de Machecoul. Il résidait habituellement à la Bastière jusqu'en 1776, époque où il se transporta avec sa famille au château de Parençay qu'il venait d'acheter au vicomte de Lescours.

A la mort de François de Beaucorps (1783) la Bastière resta indivise entre ses enfants, dont la plupart étaient mineurs. Elle ne fut pas saisie par le gouvernement révolutionnaire, et lorsque les émigrés furent rentrés en France, un partage de famille réalisé en 1804 attribua cette propriété *à Henri-Madeleine*. Comme il était fixé définitivement en Blaisois, il se décida à la vendre à M. Bouet, qui en était fermier, pour le prix de 60.000 francs. Il avait déjà reçu la moitié du paiement, lorsque voyant sa mère se désoler à la pensée que cette terre, dont elle portait le nom, allait sortir de la famille, il regretta cette vente. M. Bouet lui offrit de résilier en abandonnant les 30.000 francs déjà versés moyennant qu'il jouirait de la propriété sa vie durant. Cette jouissance viagère fut ensuite remplacée par une rente de 3.000 francs (219).

En 1837 ou 38, le comte Charles de Beaucorps, qui habitait Parençay, songea à acheter la Bastière à sa belle-sœur, la marquise de Beaucorps, mais ce projet n'aboutit pas.

Le 24 juin 1844 Eugène et Albert de Beaucorps vendirent à leur frère Edouard leur part de la Bastière. Celui-ci y venait chaque année et avait l'intention de faire aménager une chambre au-dessus du portail, le château n'étant plus habitable. A sa mort (1876) la Bastière resta indivise entre ses enfants Robert et Valentine, mariée au comte de Saint-Maixent. Celle-ci, après la mort de son frère, conjointement avec ses neveux, vendit la propriété au baron Adalbert de Beaucorps (11 oct. 1896). Après la mort de ce dernier le 6 septembre 1919, elle fut attribuée par le partage du 30 avril 1920 à sa fille Anne qui épousa en septembre 1920 Henri de la Brunière.

(219) Souvenirs du comte Henry de Beaucorps.

Le Château et ses dépendances.

D'après la tradition de famille le logis de la Bastière devait être reconstruit par François de Beaucorps qui avait réuni des matériaux à cet effet. Ce projet fut abandonné soit par suite de la mort de François de Beaucorps, soit à cause de la Révolution.

Vers 1880 le marquis Robert et sa sœur firent abattre une partie des murs de la partie ouest et enlever la toiture. En 1890 le reste du logis fut découvert à la suite d'une avarie de la charpente. Les murs subsistent en partie (1921).

Il semble que la construction date du xviie siècle. Le bâtiment principal était un rectangle allongé avec façades au nord et au midi ; cette dernière étant opposée à la cour. Il semble que ce bâtiment se prolongeait vers le Nord par un retour partant de l'angle ouest.

Il y avait à l'intérieur du bâtiment un escalier de pierre très large où, d'après la tradition, François de Beaucorps, cavalier émérite, était monté à cheval ; il a été démoli et les pierres emportées. Vers l'est le bâtiment se prolonge par le logement du garde, et un blason se voit au-dessus de la porte de la cuisine de ce dernier, sans trace d'armoiries.

Le portail d'entrée, à l'est de la cour, dans son axe principal, doit être de la même époque que le château.

Vis-à-vis du château (partie nord de la cour) a été construit une vaste grange, et vis-à-vis du pavillon est le logement du fermier ; les quatre faces de la cour sont presque entièrement garnies, soit de bâtiments, soit de remises.

Cet ensemble de bâtiments, dominé à 400 mètres par le coteau qui porte le village d'Annezay, s'appuie sur une sorte de petite croupe dévalant vers le midi, l'ouest et le nord ; vers l'est le sol remonte un peu.

Tous les bâtiments sont sur la commune de Saint-Laurent ; mais la ligne séparative de cette commune et de celle de Genouillé longe les murs du logement du garde et du vieux château.

Au midi se trouve un jardin potager et fruitier, puis une douve, dite le vivier, partiellement comblée, qu'un mur avec parapet protège encore contre l'éboulement des terres du jardin. Un escalier à deux rampes permet de descendre jusqu'au fond du vivier.

A quelques mètres des bâtiments du côté ouest existe encore une petite douve qui se relie au vivier.

Le Domaine.

Il a dû avoir 300 hectares environ ; au moment de la vente

de 1896, il devait en avoir encore 178. Vers 1880 ou 82, on organisa deux fermes, celle de la Bastière et celle de la Savinière, et 100 hectares ou plus furent semés en pins maritimes, et chênes ; plantés en pins silvestres, ormeaux et frênes. Ces plantations se continuèrent plusieurs années. Elles ne furent pas toujours réussies et le terrain calcaire ne semblait pas particulièrement indiqué pour les résineux.

En 1905 on vendit les bâtiments et une partie des terres de la Savinière.

En 1921, la propriété a 143 hectares (45 pour la ferme, 4 pour la réserve du garde, 45 en bois et 45 en friches).

La Bucherie (paroisse de Saint-Laurent-de-la-Barrière).

Cette terre et seigneurie fut acquise le 16 mai 1693 par Charles de Beaucorps, représentant de la branche aînée, et Marie-Madeleine de Cornacq, son épouse.

Peu d'années après, le 15 novembre 1702, ils en aliénaient la jouissance moyennant 250 livres de rente annuelle et perpétuelle. Elle comprenait une maison noble, un métairie, et une borderie appelée : Chez Martineau.

Féodalement la Bucherie relevait pour la plus grande partie de la baronnie de Tonnay-Boutonne, et accessoirement des seigneuries de Saint-Laurent, des Quatre-Seigneurs, de Chervette et la Boisselée, et du prieuré de Chervette.

Les bailleurs rentrèrent, nous ignorons par quel moyen, en possession de leur domaine, bien que le bail fût perpétuel. Nous avons des beaux consentis par les Beaucorps, de 1747 à 1768, du bien noble et de la métairie qui comprenait terres, quereux et vignes, ainsi que du four à chaux et à tuiles (220).

Jusqu'à l'acquisition de l'Isleau, les Beaucorps portèrent le titre de seigneurs de la Bucherie.

L'Isleau (paroisse de Saint-Sulpice-d'Arnout).

L'Isleau était un ancien château féodal et le siège d'une importante seigneurie qui avait titre de baronnie.

Le donjon de l'Isleau est ainsi décrit dans l'*Abécédaire ou rudiment d'archéologie* de M. de Caumont (1858) : « Tour carrée contenant plusieurs appartements, qui a 90 pieds de hauteur et 44 pieds sur chaque face. Une plate-forme carrée ou terrasse lui

(220) Arch. du vicomte Henry de Beaucorps.

sert de base et il y avait là probablement un chemin de ronde couvert (221). »

D'après M. de Caumont ce château appartenait en 1130 à un certain Isambert qui y fut assiégé par Guillaume, duc d'Aquitaine. Il était dans une position avantageuse, entouré de tous côtés par des eaux et des marécages, et il tint une année tout entière. Rendu au bout d'un an de siège, il aurait été démantelé.

Lorsqu'il fut acquis en 1771 par Henry-Charles de Beaucorps, le vieux château menaçait ruine, et des matériaux avaient été assemblés en vue de son rétablissement ; on spécifia qu'ils étaient compris dans le prix de la vente qui était de 30.000 livres, plus 8.000 livres pour les lods et ventes, pot de vin et droit d'entrée.

La Seigneurie comprenait alors : métairie, four, bois, garenne, cens et rentes, haute, moyenne et basse justice, divers droits féodaux et droits honorifiques en l'église de Saint-Sulpice. Elle relevait du Roi à cause de sa comté de Saintonge.

Le marquis de Courbon, qui vendit l'Isleau à Henry-Charles de Beaucorps, le tenait de sa mère, née Garnier de Salins.

Parençay (222) (paroisse de Bernay).

Parençay est actuellement un hameau de la commune de Bernay (2 kilomètres). C'était autrefois une seigneurie dont le château était à la sortie du village vers l'est. D'après Gauthier (*Statistique de la Charente-Inférieure*, 1839) ce château était autrefois très fort ; Charles VII y aurait logé en 1442 allant de la Rochelle à Saint-Jean. Le comte Henry de Beaucorps, rapportant ce fait, dit que le carosse du Roi se serait embourbé vis-à-vis le château par une mauvaise journée d'hiver ; ce qui l'aurait obligé à y chercher un abri. Depuis cette époque une pièce du château a conservé le nom de chambre du Roi.

Après avoir appartenu aux la Rochefoucauld, aux Sainte-Hermine, aux Polignac, Parençay échut aux *Lescours*. En 1750, Louis-Armand, marquis de Lescours, marié à Madeleine de Courbon-Blénac, était seigneur de Parençay.

Le 10 novembre 1774, François de Beaucorps acheta à Joseph-Louis-Armand, comte de Lescours, chév. de Saint-Louis, ancien capitaine d'infanterie au régiment de Chartres, demeurant à Saint-Jean, pour le prix de 150.000 livres, la terre et seigneurie de Parençay, avec une portion de la terre de *Machecoult*, par de

---

(221) A. DE CAUMONT, 2ᵉ édition, p. 345.

(222) La forme Parançay est la plus usitée. On trouve aussi fréquemment Parençay et quelquefois Paransay ou Paransais.

Puyrolland, qui possédait droit de haute, moyenne et basse justice. Parençay et Machecoult avaient été démembrés de la baronnie de Surgères et relevaient de celle de Tonnay-Boutonne (223).

Peu de temps après son acquisition, François de Beaucorps désertait la Bastière pour se fixer à Parençay qui n'en était séparé que par 8 kilomètres. Son 9ᵉ enfant Auguste-François y naquit en 1776.

En 1778 le marquis de Beaucorps chargea son procureur fiscal, le notaire Desuze, d'arpenter tous les domaines tenus à rente de la terre de Parençay et d'établir un nouveau livre terrier indiquant les redevances dues par chaque tenancier d'après la contenance de ses terres ; il lui abandonnait pour prix de son travail les arrérages non payés de 29 années, y compris 1774 (224).

Le seigneur de Parençay se livrait sur sa terre à l'élevage des chevaux. Il était grand chasseur et avait une superbe meute pour le loup. Après sa mort (1783) sa veuve paraît avoir continué à habiter Parençay jusqu'à son incarcération à Brouage, durant laquelle la maison fut complètement pillée.

Le *partage révolutionnaire* réalisé en 1798 évalua comme il suit la terre de Parençay :

Maison de maître, cour, jardin, servitudes, bois, prés et vignes.	71.762 fr.
Domaine de Machecoult (commune de Puyrolland).	8.690
Métairie de Courdeau, id.	29.775
Métairie de Varzay, id.	4.564
Domaine de Treuil-Chopin (commune de Breuil)...	11.034
Total.	125.825 fr.

Quelques dépendances du Courdeau et de Treuil-Chopin avaient été vendues par la nation. Mais en somme cette belle terre restait presque intacte. Dans les partages qui suivirent la Révolution (1804) confirmés par ceux de 1823 Parençay et le Treuil-Chopin furent attribués à *Charles de Beaucorps ;* Machecoult et Courdeau à son frère Angélique ; à la mort de ce dernier, Charles hérita de ces deux domaines.

En 1847 le comte et la comtesse Charles de Beaucorps partagèrent leur fortune entre leurs enfants. La terre de Parençay comprenait alors :

Le château avec son entourage (cour, jardin, prés, garenne, etc.) d'une contenance de.	12 h. 70 a.

(223) *Arch. hist. de Saintonge et d'Aunis,* t. xv, p. 309.
(224) Arch. du vicomte Henry de Beaucorps.

Le moulin de Parençay établi sur le ruisseau du
   village.

La métairie de Courdeau d'une contenance de... 47 h. 12 a. 60

Le marais de *Machécoult* (comm. de Puyrolland),
   comprenant une prairie dont un des quartiers
   est appelé le château et un chaume avec un bâtiment. Le tout contenant...................... 13 h. 13 a.

Le moulin à eau de *Bay* (acheté 36.000 fr.) et celui
   du Fief-Dagnaud, ainsi que divers biens épars
   provenant d'acquisitions faites de 1838 à 1846.

La terre de Parençay produisait, toutes charges déduites, un
revenu de 9.500 francs. Elle fut attribuée au comte **Henry de
Beaucorps**, sauf certaines dépendances comprises dans les lots
de Mme de Jansac et de sœur Sainte-Eustelle. Celle-ci céda aussitôt
à son frère sa part de Parençay.

Dans ce partage furent comprises les *eaux-de-vie* renfermées
dans les chais de Parençay. Il y en avait 366 hectolitres et demi
de différents âges pour une valeur de 50.000 francs. Les eaux-
de-vie étaient le produit principal du pays, compris dans la région
de Cognac, appelée les bons Bois. Les fameuses eaux-de-vie de
Cognac présentaient différents crus, dont la qualité allait en dé-
croissant à mesure qu'on s'éloignait de la ville : d'abord la Cham-
pagne Charentaise et les Borderies, puis les fins bois, les bons
bois, les bois ordinaires et les bois de terroir.

Le comte Henry de Beaucorps habita longtemps Parençay,
d'abord avec ses parents, puis après leur décès (1850 et 52). Ses
enfants Ivan, Yolande et Eveline y sont nés. Il vendit cette propriété en 1867 à M. de la Garde, qui bien qu'ayant promis de ne
pas la vendre, s'en défit presque aussitôt. Deux ans après, le
château était démoli ; il ne subsiste que la porte d'entrée. Le
comte Henry de Beaucorps regretta toute sa vie d'avoir vendu le
vieux nid où il était né et qui lui rappelait tant de chers souvenirs.

Le baron Adalbert de Beaucorps décédé en 1919 a consigné
quelques souvenirs sur Parençay. « Les bâtiments d'habitation
formaient les trois côtés d'un carré ouvert au nord... Cette petite
cour était fermée au nord par un mur bas avec 2 piliers de 2 à
3 mètres de hauteur. En face de la porte de la salle à manger,
donnant au midi, était un perron, puis un pont permettant de
traverser une des branches du ruisseau de Bay et rejoignant la
branche qui traversait la brûlerie. En face, sur une longueur de
100 à 200 mètres, était le jardin potager, puis un très grand fossé,
et le parc où il y avait de beaux arbres : il avait plusieurs hec-

tares. La brûlerie était traversée par une des branches du ruisseau, ce qui assurait un refroidissement parfait. »

Parençay en 1921 (d'après François de Beaucorps).

En venant de Genouillé, on passe à Courdeau et à l'ancien moulin de Bay remplacé par une minoterie à vapeur. Parençay est sur la grande route, mais l'entrée de l'ancien château est sur une petite route perpendiculaire vers la sortie sud-ouest du village. Elle se compose d'un pavillon rectangulaire formant porche, flanqué de deux tours rondes. Le château était à quelque distance dans l'axe de l'entrée ; c'est aujourd'hui un pré. La maison du propriétaire actuel est sur la gauche. En bordure de la grande route, un rang de grands épiceas paraissant centenaires, à quelques mètres du vieux mur de clôture ; pour terminer, un gros cèdre du Liban sur une petite butte. Au pied du cèdre, un grand fossé perpendiculaire à la route sépare l'emplacement de l'ancien château avec sa cour, d'un champ de 150 mètres de large environ ; au delà du champ, un bois de chênes.

Sépultures au cimetière de Bernay.

Furent inhumés dans le cimetière de Bernay :
Caroline-Marie de Beaucorps décédée en 1831.
Marie-Léa décédée en 1846, à six semaines.
Marie-Joseph-Ferdinand décédé en 1848, à un mois.
Henri-Charles-Marie, comte de Beaucorps, décédé le 25 juin 1850.
Anne-Louise du Vergier de la Rochejacquelein, comtesse de Beaucorps, décédée le 23 mai 1852.
Les restes de ces personnes furent exhumés le *19 décembre 1878* et transportés à Saint-Jean-d'Angély pour être inhumés dans la sépulture de la marquise de Beaucorps, née du Souchet, à l'exception toutefois de ceux de Henri-Charles-Marie, dans la fosse duquel, à l'insu du maire et de la famille, avait été inhumée le 2 mai 1878 une femme Marie Raux, veuve Verdeau.

Cigogne (par. de Thou en Aunis) (225).

Situation.

Le château de Cigogne était situé au hameau du même nom qui dépend de la commune de Thou (canton d'Aigrefeuille, arr^t

---

(225) Voir *Contribution à l'histoire de la Seigneurie de Sigogne* par le baron François DE BEAUCORPS, dans la *Revue de Saintonge et d'Aunis*, XLe

de Rochefort) autrefois paroisse de la province d'Aunis. Rochefort et la Rochelle en sont distants de 17 kilomètres, le premier au sud et l'autre au nord-ouest, et il y a à peu près la même distance à vol d'oiseau de Cigogne à la Bastière, Cherves et la Grange.

Le pays est plat, le terrain calcaire, facile à travailler, rougeâtre, caillouteux. La vigne y réussit bien et constituait la principale richesse du pays avant l'invasion du phylloxera vers 1880 ; on a peu replanté et les cultures dominantes sont les céréales et les betteraves à sucre, les prairies artificielles (sainfoin surtout).

L'Aunis était la plus petite province de France. Après avoir dépendu de la Généralité de Poitiers, il constitua en 1695, avec la Saintonge et l'Angoumois, la Généralité de la Rochelle.

La noblesse d'Aunis, comme celle de Saintonge, avait en grande partie embrassé la réforme, et la Rochelle devint une des principales citadelles du protestantisme jusqu'au fameux siège de 1628. Durant l'investissement de la place, le château de Cigogne fut un des quartiers des troupes royales (226).

Le hameau de Cigogne est à 2 kilomètres 1/2 au sud de la route de la Rochelle à Périgueux par Surgères et Saint-Jean-d'Angély, et sur le vieux chemin rochelais que l'on retrouve à Muron et Genouillé, d'où il se dirige sur Tonnay-Boutonne et Saint-Jean-d'Angély. A 2 kil. 1/2 nord-ouest se trouve la gare importante d'Aigrefeuille-le-Thou.

Les Seigneurs.

En 1470 Jehan *de Magné* rendait hommage pour sa seigneurie de Cigogne à Olivier de Coëtivy, seigneur du château et châtellenie de Rochefort, sénéchal de Saintonge.

En 1556, Pierre de Magné était sgr de Cigogne.

Vers 1600, Benjamin de Magné, sgr de Cigogne et du Maudroux épousa Suzanne de Culant, fille de Isaac, sgr de Ciré (paroisse limitrophe du Thou, au sud), et de Prégente Bastard, dame de Livois. Ils eurent une fille Prégente qui épousa le 27 avril 1629 Josué *du Fay*, sgr de la Taillée, et deux fils : Philippe fut sgr de la Bastardière et de Livois, Benjamin fut sgr de Cigogne.

volume (1923). Cette notice a été faite d'après des pièces provenant des archives de Sigogne, achetées en 1900 par le baron Adalbert de Beaucorps, puis en 1909 chez Boulineau, libraire à Niort, et en 1912 chez Saffroy, libraire à Paris ; un bail de 1755, communiqué par M. Rivière, un aveu et dénombrement de la seigneurie, acheté par le vicomte Maxime de Beaucorps, un inventaire dressé en 1776 à la requête d'un fermier général de la seigneurie.

(226) GAUTHIER, *Statistique de la Charente-Inférieure*, 1839.

Benjamin de Magné avait épousé le 30 septembre 1647 Sylvie de Boislève, dame de Péray. Le 15 janvier 1650 il faisait son testament, et il mourait en 1653 laissant trois enfants mineurs sous la tutelle de leur mère, un fils, Charles, et deux filles : Sylvie qui épousa par contrat du 26 juin 1672 Casimir *de Gombaud*, sgr du Fresne, et Marie qui se maria le 2 janvier 1676 avec Hector *Green de Saint-Marsault*, sgr de Dampierre. Le 11 février 1681 eut lieu le partage des biens de Benjamin de Magné entre ses enfants.

Charles de Magné, sgr de Péray, dut mourir peu de temps après sans enfants, et Cigogne fut de moitié aux dames de Gombaud et de Saint-Marsault ; leur mère, qui avait un douaire, et recevait d'elles une pension, devait y habiter.

Madame de Saint-Marsault, veuve en 1685, dut se remarier avec M. de Gassion ; en 1705 elle fit un testament en faveur des filles de sa sœur et mourut, semble-t-il, peu après.

Sylvie de Magné paraît s'être remariée elle aussi avec Joseph de la Mesnière, d'après un hommage du 20 mars 1705. De son mariage avec Casimir de Gombaud elle avait eu deux filles, Elisabeth et Marie-Henriette.

1° Elisabeth de Gombaud épousa vers 1700 ou avant Jacques Garnier, chev., sgr de Villedon, qui devint par son mariage sgr de Cigogne où, d'après des baillettes de 1717 à 1728, il habitait. De ce mariage naquirent trois filles :

a) Madeleine.

b) Marie-Elisabeth, qui épousa en 1730 Augustin de *Béchillon*, sgr de l'Epinoux, dont un fils Charles, marquis de Béchillon, qui mourut sans postérité en 1781.

c) Sylvie, qui épousa vers 1730 Claude-Pierre *Fumée*, chev., *baron de la Bouttelaye*, lequel, dans des baillettes de 1735 et 1739, se dit seigneur de Cigogne. Ils n'eurent pas d'enfants.

2° Marie-Henriette de Gombaud épousa le 26 octobre 1706 Jean de *Roquefeuil*, colonel d'infanterie, sgr de la Salle, fils de Pierre de R., sgr de la Salle, et de Campel, et de Anne de Fé Lesmerié. Elle en eut une fille, Marie-Henriette de Roquefeuil, qui épousa, par contrat du 17 février 1727, *Louis-Charles de Beaucorps*, fils aîné d'Elie, sgr de la Bastière, Cherves et autres lieux.

Jean de Roquefeuil eut un procès avec son beau-frère Garnier de Villedon dans lequel les terres de Cigogne et du Fresne furent en jeu. Après sa mort l'affaire fut reprise par son gendre Louis-Charles de Beaucorps et elle semble n'avoir pris fin que par une transaction sur partage signée le *18 novembre 1739* entre Louis-Charles de Beaucorps et ses cousins par alliance Claude-Pierre Fumée, baron de la Bouttelaye, et Augustin de Béchillon. Louis-

Charles de Beaucorps prit les avantages et préciput d'aîné sur Cigogne, l'Eventard, la Rochetière, Livois. Toutefois il semble qu'il ne fut seigneur de Cigogne que par moitié avec Pierre Fumée et que c'est seulement à la mort de la femme de ce dernier, décédée sans enfants, qu'il en devint seul seigneur (227).

Le 7 mai 1748, il bénéficia d'un jugement qui réunissait à la seigneurie de Cigogne la terre de *la Chevallerie*, dont le propriétaire, un roturier, était décédé sans héritier.

Bien qu'habitant ordinairement à la Bastière, Louis-Charles de B. résidait quelquefois à Cigogne.

A sa mort survenue le 9 février 1751 (sa femme étant morte en 1735) on disposa des biens de la communauté par acte du *27 juin 1755*. La plupart des biens nobles furent attribués à François en vertu de son droit d'aînesse ; mais Cigogne fut partagé, semble-t-il, par moitié, entre Pierre-Louis et sa sœur Louise-Henriette, épouse de Armand-Louis-Philippe *du Fay*. Pierre-Louis habitait le plus souvent à la Grange, chez son oncle Jacques-Elie. Quant à Armand du Fay il était seigneur du Haut-Vandré et y habitait. C'est ce qui explique que 6 jours après le partage (3 juillet 1755), les deux beaux-frères louaient Cigogne à un fermier général. A la mort. de Pierre-Louis, survenue au début de 1786, la moitié de Cigogne échut à Mme du Fay, qui en possédait l'autre moitié. En 1789, dans la liste des électeurs de la noblesse de la sénéchaussée de la Rochelle, nous trouvons dame Louise-Henriette de Beaucorps, veuve de Armand-Louis-Philippe du Fay, propriétaire de la terre et seigneurie de Cigogne.

Cette terre dut passer à son second fils Louis-Armand-Auguste-Henri du Fay, né le 11 mars 1763, mort le 21 janvier 1834. Il avait épousé le 27 octobre 1786 Henriette-Charlotte de Beaucorps, sa cousine-germaine, dont il eut deux filles et un fils. C'est ce dernier, le Vicomte Marie-Ferdinand du Fay, qui vendit Cigogne à partir du 16 octobre 1857 (228). La propriété avait alors une contenance de 139 hectares ; elle fut morcelée et 28 actes de vente furent passés de 1857 à 1865.

La Seigneurie.

Dans les actes, Cigogne est dit châtellenie, terre et seigneurie. L'habitation est dite château ou château noble. Ce fief relevait

---

(227) A la suite de ce partage, Louis-Charles rendit aveu à la seigneurie de Rochefort pour le fief de Cigogne. — Arch. nat., R. 442, p. 41.

(228) D'après Mlle Marthe du Fay, cette vente aurait été faite pour doter sa sœur Marie-Elisabeth qui épousa le marquis du Dresnay (1854).

de celui de *Rochefort* à foi et hommage lige de trente livres. Au
XVIIIe siècle cet hommage était rendu au roi de France, comme
seigneur de Rochefort, ainsi que les aveux et dénombrements.

A cette époque les droits seigneuriaux de Cigogne comprenaient:
une fuie, un four banal, une garenne, un moulin à vent, des droits
sur les foires et marchés de Cigogne et du Thou, le droit de haute,
moyenne et basse justice qui était rendue par un sénéchal assisté
d'un procureur fiscal et d'un sergent verdier. Il y avait aussi en
1763 un notaire et procureur à la nomination du seigneur.

Cigogne jouissait encore du droit de lods et ventes et exerçait
le droit de deshérence qui permettait au seigneur d'entrer en
possession du bien d'un mort décédé sans héritier.

Les seigneurs de Cigogne avaient droit de *dîme* sur le blé, le
vin, la laine, les agneaux, les pourceaux. Ils levaient une rede-
vance appelée *terrage* sur les légumes et autres fruits produits
par la terre concédée par eux. Ils percevaient aussi sur les terres
qu'ils avaient données à planter en vignes le droit de *complant*
qui consistait dans une partie de la récolte.

Enfin une partie des terres de la seigneurie était cédée à des
tenanciers au moyen de *baillettes*, actes notariés qui réglaient la
cession perpétuelle et irrévocable d'une certaine portion de terre
à un manant, moyennant soit un cens annuel, soit une portion
de fruits. Nous possédons 66 baillettes pour la seigneurie de Sigogne : elles sont en général au 7e des fruits avec souvent, en plus,
un chapon de cens noble par quartier (40 ares). Le tenancier pouvait vendre la terre, mais il s'engageait à ne pas la céder à des
gens d'église, et la raison de cette défense, c'est la perte pour le
seigneur du bénéfice des droits de mutation et de deshérence,
puisque l'église ne meurt pas, et de lods et ventes, puisqu'elle ne
vend pas.

Si le tenancier laisse le terrain inculte, il peut être réuni à la
seigneurie par un jugement du sénéchal. Le cas se présente souvent, ce qui explique dans bien des cas le renouvellement de baillettes qui, en principe, étaient perpétuelles. Le seigneur pouvait
reprendre la terre après une seule année de non culture, mais
généralement le délai était de 10 ans.

En 1755, nous l'avons vu, la seigneurie de Sigogne, avec tous
les droits en dépendant, fut donnée à *bail* par MM. de Beaucorps
et du Fay pour 9 années à deux marchands de Voué et de Surgères. Le bail comprenait les marais appelés les Marais du Roi.
Le loyer est de 6.000 livres par an. Un autre bail fut conclu en
1776 et, à cette occasion, fut dressé un inventaire de la seigneurie, lequel mentionne, outre le château, un four banal, une métairie
dont dépendent des terres en culture et des prés entourés d'arbres,

Les terres exploitées directement paraissent avoir été de peu d'étendue, et la plus grande partie de la seigneurie était à des tenanciers quasi-propriétaires. D'après la confrontation d'un aveu, la superficie en était de 1.000 hectares environ, comprenant tout le village de Cigogne et la plus grande partie des maisons de Thou. En y ajoutant la paroisse de Ballon et la seigneurie des Hors, sur lesquels les seigneurs de Cigogne avaient certains droits, notamment celui de lods et ventes, cela faisait un domaine féodal de 2.000 hectares environ.

Le château.

Un aveu de 1739 (?) mentionne les douves et la forteresse ancienne, dite clôture du lieu et village de Cigogne.

L'inventaire de 1776 et une convention de 1791 donnent quelques précisions sur la disposition des bâtiments et leur entourage.

Il y avait un portail et un portillon au couchant, et la même disposition se présentait au levant dans la direction du Thou. Les deux portails donnaient, semble-t-il, sur la même cour, sans doute close de murs.

Le château formait un rectangle allongé ; la principale façade étant au sud et devant comporter une tourelle contenant l'escalier. En 1776 le château était démeublé.

Le 7 juin 1791 Mme du Fay, née de Beaucorps, passait une convention avec un entrepreneur de maçonnerie pour la restauration du château ; des travaux furent effectués en 1792 et postérieurement.

Lors de la vente de Cigogne par M. du Fay (1857-65) le château fut acheté par *M. Challou :* son fils Auguste Challou le revendit à un paysan, *M. Renaud,* propriétaire actuel qui habite une partie de l'ancien château.

Il existe, paraît-il, au village de Cigogne, une grande maison qui fut celle de l'ancien seigneur ; elle est un peu isolée et ne présente rien de bien remarquable ; néanmoins elle a encore grand air et on l'appelle le *logis* de Cigogne. Dans les servitudes, on trouve des murs d'une épaisseur assez grande et des vestiges de souterrains. Il n'y a pas d'enceinte (229).

En 1776 il y avait dans la cour du château de nombreux bâtiments d'exploitation : granges, étables, écuries, etc., fuies avec échelles tournantes, chaix avec treuils, une brûlerie avec un puits, un chai à eau-de-vie, un cadran solaire, deux puits avec gibet et

(229) Lettre de Me Boisseau, notaire à Tairé (12 nov. 1921), et de Me Challou, notaire à Aigrefeuille (8 déc. 1921).

poulie, un logement de métayer, un peu plus loin, le four banal, comprenant deux fours, un grand et un petit.

TABLEAU DES SEIGNEURS DE CIGOGNE

Benjamin de Magné
ép. v. 1600 Suzanne de Culaut.

Philippe de Magné † vers 1750.	**Benjamin de Magné** ép. Silvie de Boislève	Prégente de Magné ép. 1629 Josué de Fay.

Charles de Magné Sgr de Perray.	Sylvie de Magné ép. 1672 **Casimir de Gombaud.**	Marie de Magné ép. 1676 Hector Green de St Marsault.

Marie-Hte de Gombaud ép. 1706 **Jean de Roquefeuil.**	Elisabeth de Gombaud ép. **Jacques Garnier** de Villedon.

Henriette-Elisabeth de Roquefeuil ép. 1727 **Louis de Beaucorps.**	Silvie Garnier ép. Claude Pierre **Fumée** Bon de la Bouttelaye.	Marie-Elisabeth ép. 1730 Aug. de **Béchillon**

François de Beaucorps.	Pierre-Louis ép. Adélaïde de Lambertye.	Louise-Henriette ép. 1748 **Arm. du Fay.**	Charles de Bechillon † sans enfants.

François du Fay ép. 1778 Hélène Gaudin du Cluzeau.	**Louis-Armand du Fay** ép. 1786 Hte-Charlotte de Beaucorps.

Marie-Ferdinand du Fay
épouse Mlle de Grandeffe.

BRETAGNE, ANJOU et TOURAINE

Le mariage contracté le 17 juin 1737 entre Louis-Charles de Beaucorps et Marie-Henriette de Roquefeuil fit entrer dans la famille de Beaucorps non seulement la seigneurie de Cigogne, mais encore la terre de la Bastardière, Livois et Perray.

La Bastardière (230).

La seigneurie de ce nom était située près du village du *Treuil*, non loin de *Clisson*, chef-lieu de canton de la Loire-Inférieure, sur les confins de la Vendée. Elle relevait des domaines de Clisson pour les droits utiles et devait foi et hommage au Roi de France à cause du château de Clisson.

Elle tirait son nom d'une famille *Bastard* qui la possédait dès la fin du xv° siècle, ainsi que plusieurs domaines en dépendant : la Largère (ou Largerie), la Gauvrière, la Gobelière.

Georges Bastard, écuyer (1445-1491), était seigneur de la Bastardière, et après lui, son fils Guillaume (1485-1550) et son petit-fils Georges (1511-1580).

Ce dernier n'eut qu'une fille Prégente qui épousa en 1581 ou 1587 Isaac de *Culant*, sgr de Ciré, et lui donna deux filles : Suzanne, qui épousa vers 1600 Benjamin de *Magné*, dont deux fils Philippe et Benjamin ; et Jeanne, qui épousa Jacques de *Blois*, sgr de Roussillon, dont deux fils, Jacques et Henri.

Les deux sœurs héritèrent indivisément de la Bastardière, Livois et la Rochetière. Par acte passé à Clisson le 27 octobre 1647, faisant suite à une transaction du 2 avril 1637, Philippe de Magné partagea avec ses cousins Jacques et Henri de Blois et devint seul seigneur de la Bastardière, Livois et la Rochetière. Il mourut peu après laissant pour héritier son frère puiné Benjamin, lequel mourut à son tour en 1653.

De son mariage avec Sylvie de Boislève, dame de Perray, Benjamin de Magné avait eu, nous l'avons vu, un fils Charles, mort sans postérité, et deux filles, dont l'une, Sylvie, épousa Casimir de *Gombaud* et en eut deux filles : Marie-Henriette, mariée à Jean de *Roquefeuil* et Elisabeth, mariée à Jacques *Garnier* de Villedon.

L'aînée n'eut qu'une fille Marie-Henriette-Elisabeth de Roquefeuil, qui épousa en 1727 *Louis-Charles de Beaucorps*. En 1739, celui-ci partagea avec ses cousins de la Bouttelaye et de Béchillon les terres qu'il possédait indivisément et resta par suite seul seigneur de la Bastardière.

Son fils aîné François, en 1779, dépeça et vendit cette terre avec les domaines de Largerie, la Gobelière et la Gauvrière.

(230) La plupart des renseignements qui suivent ont été fournis, en 1902 et 1907, par M. Georges Bastard, homme de lettres à Paris, descendant des anciens seigneurs de la Bastardière.

Livois et la Rochetière, en Anjou.

La terre et seigneurie de Livois était située en Anjou, sur la paroisse de *Montfaucon*, aujourd'hui chef-lieu de canton de l'arrondissement de Chollet.

Elle entra dans la famille Bastard par le mariage de demoiselle *Gouro de Livois* avec Guillaume *Bastard*, éc., sgr de la Bastardière (1510). Depuis lors elle suivit le sort de cette dernière seigneurie et échut à *Louis-Charles de Beaucorps*, par suite de son mariage avec Mlle de Roquefeuil (1727), ainsi que les fiefs de la *Rochetière* et de *l'Eventard* (paroisse de Saint-Germain, près Montfaucon), qui en dépendait. En 1735 Louis-Charles rendait hommage aveu et dénombrement au roi de France, comme seigneur de Montfaucon, pour ces deux terres (231).

François de Beaucorps donna le nom de Livois à son quatrième fils Angélique. Il semble que cette terre lui était destinée ; mais après la mort de son père (1783), les partages ne purent être réalisés à cause des mineurs, la révolution arriva et Livois fut compris dans les biens saisis par la nation sur les frères émigrés. Vendu nationalement ce domaine fut acheté par la femme de Pierre-Louis de Beaucorps.

La propriété en fut confirmée à ses enfants par les partages de 1804 ; mais bientôt après on vendit Livois pour payer l'acquisition de Montgiron.

Il reste à Livois un vieux manoir d'aspect assez délabré, avec tourelles et jolies fenêtres ; il est habité par le fermier (232).

Perray, en Touraine.

Cette seigneurie était de la paroisse *Notre-Dame d'Yzeures*, près la Roche-Posay (aujourd'hui commune d'Yzeures, canton de Preuilly, arrondissement de Loches).

Elle appartenait à *Charles de Boislève* dont la sœur Sylvie épousa le 30 septembre 1647 Benjamin de *Magné*. En 1704, celle-ci était dame de Perray probablement par suite de la mort de son frère. Charles de Magné, son fils, mourut sans enfants ; Perray passa alors à sa sœur Sylvie, mariée à Casimir de *Gombaud*, puis

(231) Aveu et dénombrement reçu par le bureau des finances de Tours le 16 juin 1735. — Carrés d'Hozier, vol. 71, fol. 125, et Arch. du marquis de Beaucorps.

(232) Lettre de M. Georges Bastard (20 mai 1907).

aux descendants de celle-ci conjointement avec la Bastardière et Livois.

En 1789 Pierre-Louis de Beaucorps se faisait représenter à l'Assemblée de la noblesse de Touraine comme seigneur de Perray. Saisi par la nation comme bien d'émigré, le domaine fut adjugé au fermier qui prétendait ne l'acheter que pour le rendre à la famille, mais qui le garda (233).

(233) Souvenirs d'Alexandrine de Beaucorps.

CHAPITRE VI

LES BEAUCORPS PENDANT LA RÉVOLUTION

A la veille de la Révolution, la famille de Beaucorps comptait au premier rang de la noblesse saintongeaise. Depuis deux siècles elle n'avait cessé de résider dans le pays et de s'y faire respecter et estimer. Elle s'était alliée aux meilleures familles de la province et, tandis que la branche aînée, spécialement le rameau de l'Epineuil, demeurait dans une condition pécuniaire assez modeste, les Beaucorps de la Bastière avaient acquis une fortune territoriale importante.

Les événements qui se succédèrent de 1789 à 1799 dispersèrent et désorganisèrent la famille, entamèrent fortement son patrimoine, mais non son honneur : au cours de ces épreuves s'affirmèrent l'énergie de la race et sa fidélité aux traditions.

Election aux Etats-généraux de 1789.

Le prélude de la Révolution fut la convocation des Etats-Généraux en 1789. On sait que chaque corps de l'Etat (clergé, noblesse, tiers-état) y nommait ses délégués, et qu'au printemps de 1789, dans toute la France, la noblesse fut convoquée en assemblée, pour élire ses députés, au siège de chaque baillage ou sénéchaussée ; les femmes veuves, possédant des fiefs, avaient droit de vote et pouvaient se faire représenter.

A l'assemblée qui se tint à Saintes, le 16 mars 1789, furent présents Charles-Marie de Beaucorps, baron de l'Isleau, demeurant à Saintes, pour son fief de l'Isleau, et son cousin Guillaume, pour son fief de l'Epineuil.

Celui-ci représentait en outre la veuve de François de Beaucorps, comme dame de Saint-Christophe ; pour ses autres fiefs elle fut représentée à Saint-Jean-d'Angély par le chevalier de Montbel (234).

(234) De La Morinière, *La noblesse de Saintonge et d'Aunis.*

Ses deux belles-sœurs furent également électrices, l'une Mme du Fay à l'assemblée de la Rochelle pour Cigogne ; l'autre, née de Lambertye, veuve de Pierre-Louis, à celle du Dorat.

Enfin Pierre-Louis, fils aîné de François, fut représenté à l'assemblée de Touraine comme sgr de Perray.

L'émigration. — L'armée des Princes. — Mort de Pierre-Louis.

En 1791 les événements politiques et le mouvement des esprits commencèrent à prendre une tournure menaçante pour la noblesse. Il semble que les populations saintongeaises aient accepté avec enthousiasme les idées nouvelles, si bien que les partisans de l'ancien régime, ne se croyant pas en sûreté, émigrèrent en masse. On se fit même un point d'honneur, parmi la noblesse saintongeaise, de partir pour l'étranger, afin de soutenir, les armés à la main, la cause du Roi qui incarnait la patrie elle-même.

Les quatre fils de la marquise de Beaucorps de la Bastière, en âge de porter les armes, suivirent le mouvement. Angélique, âgé de 18 ans, partit le premier, en mai 1791, et se rendit à Coblenz, quartier général des émigrés. Son aîné Henri, ayant quitté son régiment à la suite des incidents que nous avons rapportés, pour venir à Parençay, le suivit en septembre 1791. Charles, l'avant-dernier, qui n'avait que 17 ans, quitta l'école navale de Vannes pour rejoindre ses frères, sur les bords du Rhin.

Leur aîné, Pierre-Louis, ne pouvait partir étant retenu au lit par la maladie (petite vérole ou rougeole).

Mlle de la Laurencie, dont la famille était très liée avec les Beaucorps, ignorant sans doute la gravité de son état, eut la méchante idée de lui envoyer une quenouille chargée de lin, comme on faisait à l'égard des jeunes gens de bonne famille qui ne voulaient pas partir pour l'armée des princes. Piqué au vif dans son amour-propre, Pierre-Louis se leva en pleine fièvre et partit rejoindre ses frères à Coblenz (février 1792). Cette imprudence altéra profondément sa santé et nous verrons qu'elle lui coûta la vie (235).

Sa femme se retira au château de la Borde, ancienne terre des Milon, au sud de Valençay. Elle y passa toute la Révolution ainsi qu'à Boisbonnard, autre propriété de famille, qui fut vendue en 1794 avec les meubles et souvenirs de famille qui s'y trouvaient (236).

(235) Souvenirs du comte Henry de Beaucorps.
(236) Souvenirs d'Alexandrine de Beaucorps.

La marquise de Beaucorps, née du Souchet, refusa d'émigrer comme beaucoup de personnes de sa famille ; elle resta à Parençay, avec son plus jeune fils Auguste, espérant sauver ainsi de la confiscation une partie du patrimoine de ses enfants. Sa fille, Mme du Fay, dont le mari avait émigré, essaya de sauver sa fortune en demandant le divorce légal qui lui fut accordé par jugement du 20 décembre 1792. Plus tard, en 1793, elle se décida à partir pour l'Angleterre ainsi que sa sœur Mme Louveau de la Guigneraye. Leur tante, née Lambertye, se réfugia elle aussi à Londres où elle mourut le 6 juin 1797 âgée de 48 ans.

Un Beaucorps de l'Isleau fut inscrit sur la liste des émigrés. C'était, croyons-nous, Charles-Louis, fils d'Alexis, qui n'était pas en émigration mais aux armées vendéennes.

Guillaume de Beaucorps resta à l'Epineuil, mais son beau-frère Jean-Jacques suivit l'émigration (6 novembre 1791).

Son fils Jean-Jacques, officier au 13e dragons, passa lui aussi la frontière avec tous les officiers de son régiment, le 1er mars 1792, et ils furent incorporés au 1er escadron de l'armée du duc de Bourbon.

Les quatre frères de Beaucorps de la Bastière, ainsi que leurs beaux-frères du Fay et Louveau de la Guigneraye s'enrôlèrent dans l'armée qui s'organisa à Coblenz sous le nom *d'armée des princes* pour combattre la révolution ; elle était formée d'émigrés français et avait pour chefs le comte d'Artois et le prince de Condé.

Ils firent la campagne de 1792, Angélique dans la compagnie de Conti Dragons, Henri dans la brigade Colonel-général, Charles et M. de la Guigneraye dans le corps de la marine. Quant à Pierre-Louis, il fut choisi comme aide-de-camp par son parent le marquis de Lambertye, ancien maréchal-de-camp qui commandait une division de gendarmerie.

Sa rougeole rentrée minait sa santé ; mais sa forte constitution résista longtemps au mal. Une anecdote rapportée par sa fille montre qu'il était encore solide, bien que malade. « Le duc de Bourbon, écrit-elle, était d'un courage magnifique. Dans une rencontre il sauta un ravin que personne n'osait franchir et se trouva seul de l'autre côté à faire le coup de sabre. Ce spectacle donna du courage aux gentilshommes qui le suivaient et mon père, qui montait en couverte un cheval blessé sur le dos, fut le quatrième qui sauta le ravin. Les autres descendirent ou passèrent plus loin, firent comme ils purent, et les rejoignirent enfin de l'autre côté. »

Le 10 février 1793 la ville de Maestricht fut investie par les armées républicaines ; 1.174 émigrés s'enrôlèrent sous les ordres

du prince de Hesse pour défendre la place et contribuèrent à en
faire lever le siège, ce qui eut lieu le 24 février. Le comte de Beaucorps (Pierre-Louis), son frère Charles, leur cousin Jean-Jacques
prirent part à la défense dans la compagnie du marquis de Sainte-
Hermine (237). Angélique était aussi, paraît-il, parmi les défen-
seurs. Le comte Henry de Beaucorps rapporte dans ses souvenirs
qu'à cette occasion on aurait donné à son père et à ses oncles le
titre de bourgeois de Maestricht, transmissible à leurs descendants. Les archives de la ville ne conservent aucune trace de cela ;
sans doute ce titre fut-il décerné en bloc à tous les Français dé-
fenseurs de la ville (238).

Pierre-Louis, dont la maladie s'aggravait, resta à Maëstricht
avec le marquis de Lambertye. Son frère Charles le soigna avec
le plus grand dévouement. Sentant sa fin approcher, le malade
chercha à l'éloigner par affection, mais il refusa de partir, et
c'est lui qui reçut le dernier soupir de son frère, le 7 mai 1794.
Pierre-Louis fut inhumé dans l'église paroissiale de Notre-Dame,
dans la sépulture de la famille du Moulin chez laquelle il avait
logé. M. de Lambertye exprima les regrets de ses camarades dont
il était aimé et respecté.

Les Beaucorps incarcérés à Brouage (1793-1794).

En 1793, 600 personnes suspectes, prêtres et nobles de la Saintonge et des pays environnants, furent arrêtés et emprisonnés au
fort de Brouage. Parmi eux se trouvaient beaucoup d'anciens
officiers, entre autres Guillaume de Beaucorps de l'Epineuil. Son
cousin Guillaume-Charles, baron de l'Isleau, y fut aussi. Enfin,
la veuve de François de Beaucorps, dénoncée comme suspecte
par le comité révolutionnaire d'Angély-Boutonne, « comme ci-
devant noble, mère d'émigré et n'ayant pas démontré constamment de l'attachement à la Révolution » (239), fut arrêtée à Parençay et conduite à Brouage ainsi que sa belle-sœur, Mme du Fay,
et la fille de celle-ci (240). Elles y retrouvèrent bien des personnes
amies : les la Laurencie, Montbrun, la Vernède, Rambaud, l'abbé
Frotier de la Messelière, parent de la marquise de Beaucorps.

(237) Archives de la ville de Maestricht et certificat délivré à Jean-Jacques
de B., le 8 avril 1793. Arch. du comte de Beaucorps-Créquy.
(238) Lettre de l'archiviste de Maestricht au vicomte Maxime de Beaucorps
(sept. 1887).
(239) Séance du 7 brumaire an II (28 oct. 1793). — Archives du vicomte
Henry de Beaucorps.
(240) *Revue poitevine et saintongeaise*, n° 92 (15 août 1891). Liste des détenus de Brouage.

La situation de Brouage au milieu des marais en rendait, paraît-il, le séjour tellement insalubre qu'on était obligé de changer la garnison tous les mois pour ne pas la voir succomber. C'est dans ce lieu malsain qu'on entassa 600 personnes auxquelles on ne donnait pour nourriture que du pain dont les chiens ne voulaient pas manger ; et pourtant, ajoute le comte Henry de Beaucorps, de qui nous tenons ces détails, aucun détenu ne mourut ni ne fut malade, tant que dura la captivité. Elle ne fut d'ailleurs pas aussi longue que le prétend notre narrateur. Il nous parle de deux ans ; en réalité elle commença à la fin d'octobre 1793 et prit fin après le 9 thermidor (27 juillet 1794).

Plus heureux que ses compagnons d'infortune Guillaume-Charles réussit à sortir de captivité grâce au dévouement de sa sœur Mme de Pommeray. Comme épouse d'un défenseur de la Patrie, elle ne fut pas inquiétée ; elle en profita pour essayer de faire élargir son frère. Elle se rendit à Brouage, y resta plusieurs jours pour se concerter avec lui ; elle se présenta ensuite au district de Marennes qui la renvoya à la municipalité de Soubise, commune du domicile de son frère ; mais enfin on lui délivra des certificats favorables qui lui permirent de faire sortir son frère de prison et de le ramener à la Grolière près de sa femme et de ses enfants. Elle ignorait que, pendant ce temps, son mari était lui-même sous les verrous. Un mois après son mariage M. de Pommeray avait dû rejoindre son corps à Morlaix. Quand vint le régime de la terreur, il fut mis en état d'arrestation, ainsi que 23 de ses camarades ayant comme lui servi sous la royauté ; on les conduisit au Château du Taureau, ancienne prison d'état, à l'embouchure de la rivière de Morlaix, d'où ils furent transférés, 7 mois après, à la maison d'arrêt de Saint-Pol-de-Léon.

Durant les 13 mois et demi que dura sa détention, M. de Pommeray cacha à sa femme sa malheureuse position, pour lui épargner les tourments d'une juste inquiétude ; il lui écrivait quelquefois et lui mandait qu'il changeait de garnison, quand en réalité il changeait de prison. Après la chute de Robespierre, le Comité de Salut public ordonna la mise en liberté de ces officiers et leur rendit leurs emplois (241).

C'est également le 9 thermidor qui rendit sa liberté à nos prisonniers de Brouage. Le comte Henry de Beaucorps a laissé dans ses souvenirs un récit romantique qui paraît purement imaginaire :

(241) Les détails qui précèdent sont empruntés à une relation de famille écrite probablement par M. de Pommeray ou par sa femme.

« Robespierre voyant que les prisonniers ne mouraient pas,
« résolut de s'en débarrasser en les faisant mitrailler. Il donna
« l'ordre au gouverneur de les faire sortir du fort, de les placer
« en carré sur le préhaut afin qu'ils ne puissent s'échapper. Le
« gouverneur, qui était compatissant et recevait à sa table, à
« tour de rôle, les plus marquants des détenus, avait toujours
« différé d'obéir à des ordres d'une barbarie si révoltante. On
« réitéra ces injonctions, en ajoutant qu'au cas de retard, on lui
« enverrait un remplaçant et on le joindrait lui-même aux pri-
« sonniers. Ne pouvant plus surseoir, il fit sortir du fort tous ces
« détenus et les fit placer pour les mitrailler. Mais, au milieu
« de ces apprêts, un des soldats chargés de mettre le feu aux
« canons s'écria qu'il apercevait une estafette dans le lointain.
« Le gouverneur ordonna d'attendre. Lorsque le courrier fut à
« portée de la voix, il agita son mouchoir et s'écria: « Grâce, grâce
« aux prisonniers ! Robespierre est mort. » On ne saurait pein-
« dre la joie de tous ces malheureux qui avaient fait à Dieu leurs
« dernières prières. »

Rendu à la liberté, la marquise de Beaucorps se rendit à Parençay ; elle eut la pénible surprise de trouver sa maison complètement dévastée et sans aucun meuble. Heureusement de bra-
ves gens du pays lui apportèrent ce qu'il fallait pour ne pas coucher par terre. Elle se retira dans sa maison à Saint-Jean où elle
vécut modestement et sut se concilier l'estime des habitants, comme le prouva le certificat qui lui fut délivré le 3 décembre 1794 :
« Nous, anciens habitants de la commune d'Angély-Boutonne,
certifions à tous qu'il appartiendra que la citoyenne Dussouchet,
veuve Beaucorps la Bastière, habitante de cette commune, y a
toujours vécu en bonne citoyenne, amie de l'humanité et surtout
des pauvres et des opprimés, vivant sans faste, ne s'occupant que
de l'éducation de la nombreuse famille dont elle était chargée,
que, depuis la Révolution, elle a exactement suivi les lois, et que
la plus grande preuve qu'elle ait pu donner a été le secours en
numéraire qu'elle a remis entre les mains du juge de paix de
cette commune pour nos frères prisonniers dans l'étranger, ceux
qu'elle a donnés aux mères et aux femmes de nos compatriotes
appelés en Vendée, et enfin le bled en nature qu'elle a délivré
pour les indigens de cette commune et qui a été employé par les
soins du citoyen Valois, ci-devant procureur-syndic. » Cette pièce
est signée et légalisée par les officiers de la municipalité de Saint-
Jean (242).

(242) Arch. du vicomte Henry de Beaucorps.

Les Beaucorps aux armées Vendéennes.

Deux Beaucorps se battirent dans les armées catholiques et royales de la Vendée.

Le premier est signalé par la marquise de la Rochejacquelein dans ses mémoires (243). « Criblé de blessures, mis au Bouffay sans être connu, il contrefit le fou, évita ainsi le jugement, et sortit à l'amnistie » tel est le texte du manuscrit original publié en 1889. Celui de la première édition de 1814 et de celles qui suivirent est plus explicite : « Le jeune M. de Beaucorps fut pris. Une multitude de coups de sabre au visage le rendaient méconnaissable. Il répondit de manière à laisser croire que ses blessures avaient troublé sa raison. On ne put deviner s'il était vendéen ou bleu et on le garda en prison. Il sortit à l'amnistie (244). »

Crétineau-Joly, dans son histoire de la Vendée militaire, parue en 1840-41, reproduit ce récit avec quelques précisions de plus. Le jeune de Beaucorps se serait enrôlé à 15 ans, sous les ordres de Lescure, et aurait ensuite combattu comme officier dans l'armée de Charette. Dans les derniers combats de la Grande armée, il reçut 18 coups de sabre. Défiguré par ses blessures, il feignit d'être tombé en enfance. Ne sachant s'il était blanc ou bleu, on le jeta en prison où il resta un an sans se trahir par un mot. Le décret de la Convention du 2 décembre 1794 le rendit à la liberté (245).

Nous voudrions pouvoir préciser d'une manière certaine qui était ce Beaucorps, héros des guerres de Vendée : probablement Charles-Louis, fils de Célestin (dit Alexis) puiné de la branche aînée. Son prénom expliquerait la confusion faite par Mⁿᵉ de la Rochejacquelein avec son beau-frère Charles ; comme il était né le 28 février 1778, il avait bien au début des guerres de Vendée l'âge de 15 ans indiqué par Crétineau-Joly.

Nous sommes renseignés d'une manière plus certaine sur le rôle d'Auguste-François, le plus jeune fils de la marquise de Beaucorps, dans l'épopée Vendéenne. Resté avec sa mère jusqu'à son internement à Brouage, il se rendit alors en Vendée, chez M. Mesnard, receveur de l'enregistrement, à Montfaucon, près Cholet,

---

(243) Edition originale (1889), p. 445. — C'est à tort, croyons-nous, que les éditeurs ont identifié ce Beaucorps avec Auguste qui se battit lui aussi dans les armées Vendéennes.

(244) Edition de 1814, t. ii, p. 204. — On sait que le manuscrit de la marquise de la Rochejacquelein fut arrangé par M. de Barante, d'où la différence entre ce passage et celui du texte original.

(245) Crétineau-Joly, dernière édition, t. i, p. 59 ; t. ii, p. 320.

chargé d'administrer la terre de Livois, située dans cette commune et confisquée par la nation comme bien d'émigré. Il y resta depuis la fin de décembre 1792 jusqu'au mois d'octobre 1793. Cela résulte d'un certificat délivré le 16 septembre 1795 par les habitants de Montfaucon. Il s'enrôla dans l'armée vendéenne à l'époque du passage de la Loire, y reçut le grade de chef de bataillon attaché à l'état-major (246) et participa aux luttes et aux revers de la grande armée jusqu'à son écrasement final.

Après les désastres d'Angers et du Mans, les débris des troupes royalistes tentèrent de repasser la Loire à Ancenis et se trouvèrent pris entre l'ennemi et le fleuve ; 7.000 hommes échappèrent aux noyades et aux massacres et parvinrent à s'éloigner en descendant la Loire. Auguste de Beaucorps était un de leurs chefs.

Cette petite armée se trouvait dans l'état le plus misérable, manquant de vivres, de vêtements, de munitions. Acculée à la mer, entre la Loire et la Vilaine, elle fut anéantie par l'armée républicaine, commandée par Kléber, Marceau, Westermann, Savary, etc. La déroute de Savenay (23 décembre 1793) fut le dernier jour de la Vendée.

Les conventionnels donnèrent l'ordre de poursuivre les fuyards sur toutes les routes, de battre les bois, de fouiller les marais et de n'épargner personne. Auguste de Beaucorps ne fut pas massacré mais envoyé à Nantes, à la prison du Bouffay, où on entassait les prisonniers avant de les envoyer aux affreuses noyades organisées par Carrier. Il eut la chance de plaire au geôlier, ainsi qu'à sa femme et à sa fille ; on l'occupa à travailler au jardin, et lorsqu'on appela son nom pour le faire exécuter, le geôlier répondit qu'il l'avait déjà donné, ajoutant en plaisantant qu'il n'avait pas tous les jours à fournir de beaux corps.

Telle est la version donnée par Alexandrine de Beaucorps.

Le comte Henry de Beaucorps raconte les choses un peu différemment : le jeune prisonnier aurait gagné les bonnes grâces du geôlier ainsi que de sa fille. Celui-ci aurait profité de sa jolie écriture pour le charger de tenir les livres, et lorsque son tour serait venu d'être envoyé au bateau à soupapes, il aurait trouvé moyen de faire passer un autre à sa place et l'aurait gardé comme secrétaire, jusqu'à la fin des noyades ; ne pouvant le cacher plus longtemps, il l'aurait fait engager dans les troupes républicaines.

Auguste de Beaucorps s'enrôla en effet le 1er nivôse an III (21 décembre 1794) au 16e régiment de dragons, contraint sans doute par une cruelle nécessité qui le mettait dans le cas d'avoir à

---

(246) Certificat du 11 août 1816. Signé du chevalier de Pérat, maréchal-de-camp. — Arch. du baron François de Beaucorps.

combattre contre ses frères. Il y servit durant 4 ans (1794 à 1798)
« avec honneur et probité, en vrai républicain », disent les certificats. Blessé au genou par une chute de cheval, il dut être réformé
le 21 juin 1798 (247). C'est ici que se place, croyons-nous, et non
après la déroute de Savenay, une anecdote rapportée par Henry
et Alexandrine de Beaucorps. Il se trouvait à l'hôpital avec un
genou très abîmé, et le chirurgien voulait lui couper la jambe ;
mais lui tenait à garder son membre. Ayant caché un pistolet
(ou un gourdin) sous son traversin, il en menaça le chirurgien
lorsqu'il vint pour l'amputer ; celui-ci n'osa pas passer outre et
s'écria : « Qu'il crève donc s'il veut ; je n'en approche pas. » Il
guérit mais resta boiteux.

Affaire de Quiberon et expéditions royalistes.

Les deux Jean-Jacques de Beaucorps de l'Epineuil, l'oncle et
le neveu, se signalèrent à l'affaire de Quiberon et dans les expéditions royalistes des côtes de Bretagne.

L'oncle, ayant émigré en novembre 1791, s'engagea dans le
corps Loyal-Emigrant qui prit une part active en juillet 1795 au
débarquement de Quiberon. Il subit le triste sort des malheureux
prisonniers qui, au nombre de 713, furent fusillés par ordre de
la Convention. La première commission, au quartier général de
Saint-Pierre-Quiberon, lui fit subir un interrogatoire sommaire
le 31 juillet 1795. Il déclara avoir émigré « parce qu'il était vexé
chez lui » et avoir servi depuis environ 10 mois en qualité de
vétéran « forcé à cela par la nécessité et sans avoir jamais brûlé
une amorce contre les Républicains ». Malgré ce semblant d'excuse dont il chercha à se prévaloir, il ne put échapper au sort
qui l'attendait, fut condamné à mort le 2 août, et fusillé à Quiberon (248).

La plupart de ces malheureuses victimes de la Convention
furent exécutées près d'Auray, en un lieu appelé depuis le
Champ des Martyrs, et où la Restauration édifia une chapelle
expiatoire. Leurs ossements, transportés à la Chartreuse-d'Auray,
reposent sous un somptueux mausolée de marbre, portant la
liste des victimes. Le nom de Beaucorps s'y trouve gravé deux

(247) Certificat daté de Louvain, 21 vendémiaire an VI (2 octobre 1797). —
Arch. du comte de Beaucorps-Créquy. — Autre certificat daté de Verdun, 27
thermidor an VI (14 août 1798). — Arch. du vicomte Geoffroy de Beaucorps.
(248) Arch. du Morbihan, L 851. — Interrogatoire de Jean-Jacques de
Beaucorps, publié par M. de CLOSMADEUC, *Quiberon 1795. Emigrés et Chouans*,
p. 285.

fois, mais c'est par erreur. Le chevalier de Beaucorps fait double emploi avec Jean-Jacques, seul de son nom figurant dans les listes de condamnés à mort (249) ; aussi croyons-nous devoir écarter la tradition d'après laquelle Alexis de Beaucorps, de la branche de l'Isleau, aurait été fusillé à Auray et se trouverait mentionné sur l'inscription de la Chartreuse (250).

M. du Fay, mari d'Henriette de Beaucorps, prit part lui aussi à l'affaire de Quiberon comme sergent au détachement d'artillerie de Loyal-Emigrant. Il s'y conduisit valeureusement et sauva la vie du comte de Soulanges que ses blessures mettaient dans l'impossibilité de se défendre. Il eut la chance d'échapper lui-même au massacre en se jetant à la mer avec son cheval, et fut assez heureux pour rejoindre la chaloupe de la corvette *Hirondelle* qui s'était rapprochée du rivage pour venir en aide aux débris de l'armée royaliste (251). Repassé en Angleterre il y resta jusqu'à la fin de la Révolution.

Jean-Jacques de Beaucorps, neveu de celui qui périt à Quiberon, après avoir fait partie de l'armée des princes, puis d'un détachement commandé par le marquis de Lambertye pour maintenir les habitants de Liège, se rendit à l'île de Jersey, et s'engagea en 1794 en qualité d'aide-major dans un corps d'émigrés formé par le comte du Trésor. En 1795 il était encore à Jersey (252). Après une revue passée par le duc d'Angoulême au camp de Ramsay, près Southampton, il accompagna le comte d'Artois à l'expédition de l'île d'Yeu (1795) et de là fut chargé par le duc d'Angoulême de porter ses premières dépêches aux généraux royalistes du Morbihan et de la Vendée. Il resta à l'armée vendéenne jusqu'à la pacification générale et obtint une amnistie le 18 pluviose an VII (6 février 1799) (253).

Les Beaucorps à l'armée de Condé (1793-1801).

En 1793 le corps d'émigrés français qui formait l'armée des princes fut réorganisé et s'appela désormais armée de Condé, du

<hr>

(249) Eugène de La Gournerie, *Les débris de Quiberon*, p. 175. — de Closmadeuc, l. c., p. 575-597.

(250) Cette tradition a été recueillie par Mlle Antoinette de Beaucorps, de la bouche de son père.

(251) Dictionnaire de Beauchet-Filleau, t. iii, p. 371.

(252) Le 30 juin 1795 le comte de Maurville écrivait de Saint-Hélier au marquis de Bremond d'Ars : « Nous sommes peu de Saintongeais ici, seulement deux, M. de Beaucorps de l'Epineuil et moi. — Comte Régis de l'Estourbeillon, *Les familles françaises à Jersey pendant la Révolution*, p. 494.

(253) Mémoire présenté le 28 septembre 1814 pour J.-J. de Beaucorps. — Arch. du comte de B.-Créqui.

nom de son chef Louis-Joseph de Bourbon, prince de Condé. Les trois frères Angélique, Henri et Charles continuèrent d'y servir, le premier dans le premier régiment de cavalerie noble, compagnie de Lansalut, le second dans la cavalerie noble, escadron royal (1793-94 et 95) puis comme sous-lieutenant au régiment de Buranges-cavalerie (1796-97) et ensuite avec le même grade aux dragons d'Enghien.

Quant à Charles, il se réunit avec les autres émigrés du pays de Liège pour arrêter les mouvements révolutionnaires et les soulèvements qui, en 1794, se produisirent sur les derrières de l'armée cette année et en 1796 (254). Intelligent, adroit, d'un caractère très gai, il était fort aimé de ses camarades et leur rendait service par ses talents culinaires que l'on mettait souvent à contribution (255).

Au cours de ces campagnes les Beaucorps prirent part à plus d'un combat. Une des affaires où ils se distinguèrent fut celle d'Ober-Kamlach, près de Meinningen (Bavière), le 13 août 1796. En voici le récit laissé par le comte Henry de Beaucorps.

« Une partie de l'armée était coupée par l'ennemi et il s'agis-
« sait de se rejoindre en traversant un défilé très étroit, dont
« les côtés abrupts, hérissés de rochers, étaient envahis par l'en-
« nemi. De ces hauteurs, il faisait un feu nourri et plongeant
« qui décimait les pauvres Condéens. Le corps de chasseurs no-
« bles était sur le point de s'engager dans ce terrible défilé, déjà
« jonché de cadavres, lorsque, à la voix de Beaucorps, ces bra-
« ves, sans attendre des ordres, se partagent en deux bandes
« pour escalader vivement les obstacles qui de chaque côté domi-
« naient le défilé. En quelques instants ils parvinrent à déloger
« les républicains et à rendre le passage libre. En apercevant de
« loin le bataillon des chasseurs nobles se débander, le Roi s'était
« écrié, en s'adressant au prince de Condé : « Nous sommes
« perdus, la noblesse lâche pied. » Le prince lui répondit en lui
« frappant sur le bras : « Mon cousin, vous ne connaissez pas
« la noblesse. Sans elle nous ne passerions pas. » Cette manœu-
« vre eut en effet un plein succès. Le défilé étant dégagé, les
« troupes disséminées purent rejoindre le reste de l'armée. Cette
« affaire d'Ober-Kamlach avait été très meurtrière pour les Con-
« déens (256). »

(254) Lettre de Charles de Beaucorps au comte de Maurville (1822). Arch. du vicomte Henry de Beaucorps.
(255) Souvenirs de la comtesse de Troguindy.
(256) Voir : *Journal d'un fourrier de l'Armée de Condé*, publié par le comte de Contades, p. xix et 125. — Comte de LA BOUTETIÈRE, *L'armée de Condé*, p. 89.

A la fin de 1797 l'armée de Condé passa en Russie. Charles de Beaucorps la quitta alors pour se rendre à Malte. Son frère Angélique prit un congé, au terme duquel, n'ayant pu rejoindre à cause des défenses de l'empereur, il attendit le retour de l'armée en Allemagne (septembre 1799). Il fit alors, dans l'escadron chef du régiment d'Angoulême, la campagne de 1799. En mars 1800 il se trouvait dans le régiment du duc de Berry, et y resta probablement jusqu'au licenciement définitif de l'armée de Condé en 1801 (257).

Saisie des biens des émigrés. Partage révolutionnaire de 1798.

Avant la Révolution, les biens du marquis de Beaucorps, décédé en 1783, avaient été partagés entre ses enfants, mais seulement par un sous-seing privé, n'ayant aucune valeur légale. Chacun connaissait son avoir ; seul Pierre-Louis qui, à titre d'aîné, avait des droits supérieurs aux autres, fut mis en possession de sa part. Survint la Révolution sans que les choses aient été régularisées : on crut préférable de les laisser en l'état, pensant que cette confusion rendrait plus difficile au gouvernement la confiscation des parts des émigrés et qu'on éviterait ainsi que la part de l'aîné, plus forte que les autres, ne fût prise par la nation. Ce calcul se trouva déjoué, le gouvernement considéra les frères et sœurs comme étant en indivision et tailla largement dans le bloc la part des émigrés.

Ainsi furent saisis : la terre de Livois, que la femme de Pierre-Louis racheta à la nation ; — celle de Perray, adjugée au fermier qui avait, disait-on, l'intention de la rendre à la famille, mais qui la garda ; — Annezay, vendu le 12 décembre 1794 à M. Barat, notaire à Tonnay-Boutonne, qui la rétrocéda ensuite à Auguste de Beaucorps ; — la Grange, séquestrée en 1792, adjugée par le district de Rochefort le 22 janvier 1795.

La marquise de Beaucorps, n'ayant point fait avec ses enfants de compte de liquidation de communauté, avait des droits et des reprises à exercer sur la fortune de son mari. Dès les premières spoliations, elle s'empressa de les faire valoir, et fit en sorte d'entraver autant que possible la saisie des terres de famille. En novembre 1792 elle signifia à l'administration du district de Saint-

(257) Certificats du 1/3 mars 1800, signé du duc de Berry et du 4 janvier 1816, signé du prince de Condé. — Arch. du vicomte Henry de Beaucorps.

Jean qu'elle était créancière de la succession de son mari pour des sommes considérables. Ses deux filles, Mmes du Fay et de la Guigneraye, firent valoir en même temps leurs droits d'héritières. Mme de Beaucorps avait une reprise à exercer sur la terre d'Annezay achetée en 1761 et payée en partie sur le produit du domaine de Villars. Annezay ayant été vendu nationalement, le 12 décembre 1794, elle demanda à exercer ses reprises sur la moitié de la terre de Parençay, dont l'autre moitié lui appartenait comme acquêt de communauté, et de déclarer ce domaine inaliénable jusqu'à ce qu'il fut statué sur ses droits de mère d'émigrés. Ainsi fut sauvée la terre de Parençay : elle devait rester sous séquestre tant qu'un partage ne serait pas fait légalement entre la veuve de Beaucorps, ses enfants non émigrés, et la nation, héritière des parts successorales des émigrés. Ce partage ne fut réalisé que le 20 mai 1798. Il reconnaissait à la citoyenne Dusouchet, veuve de François Beaucorps, un droit à la moitié des meubles de la communauté et la moitié des acquets. Une grande partie des meubles avaient été vendus par la Nation. Quant aux acquets, Annezay et quelques dépendances de Courdeau et de Treuil-Chopin étaient vendus ; restaient les domaines de Parençay, Machecoul, les métairies de Courdeau, de Varzay, de Puyjoly (commune de Puyrolland), le domaine de Treuil-Chopin (commune de Treuil), la maison du Grand-Logis à Saint Jean. Mme de Beaucorps avait droit en outre à certains prélèvements, soit en vertu de son contrat de mariage, soit en vertu de ce que la loi lui accordait comme mère d'émigrés. Toutes ces reprises faites, il restait une somme de 115.785 fr. 84 (valeur en numéraire) à partager entre la mère et ses 7 enfants, soit un huitième pour chacun. La nation avait droit à deux huitièmes pour les parts des deux émigrés (Angélique et Henri) et elle faisait arrêt sur celle de Charles, « le Maltais », sauf les réserves de la partageante dans le cas où il serait déclaré républicain par le gouvernement. Les droits de la Nation se trouvaient remplis par les ventes de mobiliers, le remboursement d'une rente de 300 francs sur la Baraudière, la vente des dépendances du Courdeau et de Treuil-Chopin, et une partie du produit de la vente d'Annezay. Tout le surplus des biens meubles et immeubles fut laissé à la citoyenne Beaucorps, quitte à en faire le partage entre elle et ses enfants, et le séquestre fut levé.

Quant aux autres terres de famille : Livois, Perray, la Grange, dont il n'est pas question dans ce partage, elles avaient sans doute été saisies comme biens personnels de Pierre-Louis, émigré.

Chervettes et la Bastière n'avaient pas été saisis.

Charles de Beaucorps à Malte et en Italie,
(1797-1801) (258).

Vers la fin de 1797, Charles de Beaucorps quitta l'armée de
Condé pour se rendre à l'île de Malte afin d'y faire son noviciat
de chevalier de Saint-Jean-de-Jérusalem et accomplir ses « caravanes », c'est-à-dire les voyages sur mer auxquels étaient astreints
les futurs chevaliers ; il les fit en compagnie du chevalier de la
Laurencie, du commandeur de Brémond, des chevaliers de Fou-
dras, de Lasteyrie, de Janvre. Ces caravanes consistèrent en des
expéditions contre les pirates.

L'ordre de Malte ayant été supprimé en France par décret de
la Convention du 19 septembre 1792, les chevaliers français
s'étaient réfugiés à Malte. Mais la souveraineté de l'Ordre sur
cette île ne devait pas durer longtemps. Lorsque Bonaparte partit
pour l'expédition d'Egypte, il s'empara, en passant, de Malte,
rendu presque sans coup férir par le Grand Maître, le 12 juin
1798. Tous les chevaliers durent alors évacuer l'île et l'Ordre
passa sous la dépendance de l'empereur Paul I.

Le premier consul poursuivant sa route vers l'Orient laissa
comme gouverneur à Malte le comte Regnault de Saint-Jean-
d'Angély. Celui-ci avait quelques obligations envers la famille
de Beaucorps pour des services rendus à son père par le marquis
de Beaucorps. Voulant témoigner au fils sa reconnaissance, il
manda à son cabinet le chevalier de Beaucorps et lui offrit de le
faire nommer aide-de-camp de Bonaparte. Celui-ci refusa et demanda seulement l'autorisation de rester quelques jours dans
l'île avec le commandeur Pacca, qui y possédait des propriétés
et avait des affaires d'intérêt à régler. La permission fut accordée. La veille du jour où expirait le délai, M. de Beaucorps rencontra dans la rue le gouverneur qui le reconnut et lui dit en
riant : « Encore ici, chevalier ! Si, dans 24 heures, vous n'êtes pas
parti, je vous fais fusiller. » — « Vous n'en aurez pas l'odieux,
gouverneur ; nos malles sont faites ; nous n'avons plus qu'à les
boucler ; nous partons demain matin. » Le gouverneur lui tendit
la main en disant : « Je regrette vivement, chevalier, de n'avoir
rien pu faire pour vous. » M. de Beaucorps lui demanda de re-
porter son bon vouloir sur le chevalier de Janvre de la Bouche-
tière qui accompagnait Bonaparte en Egypte.

Le commandeur Pacca avait une affection particulière pour
le chevalier de Beaucorps. Il l'emmena dans sa famille à Naples,

(258) D'après les souvenirs du comte Henry de Beaucorps.

où il resta jusqu'au printemps de 1801. Il visita les environs de cette ville et une partie de l'Italie.

C'est probablement par l'entremise du cardinal Pacca, frère du commandeur, qu'il obtint une audience du pape Pie VI. Comme il se prosternait pour baiser la mule du Pape, celui-ci le releva et lui tendit la main en disant : « Les privilèges des chevaliers de Malte vous donnent le droit de baiser la main du pape et non le pied. » Il le releva aussi d'une chose assez embarrassante, ses vœux religieux qui l'obligeaient au célibat, ne lui laissant d'autre obligation que des offices et des prières à réciter.

Charles de Beaucorps rencontra à Rome le comte Gaspard de Bizemont, qui était représentant du Roi en Italie ; il se joignit à lui et à sa famille pour rentrer en France ; le chevalier de Lasteyrie et les siens, qui avaient émigré en Italie, les accompagnèrent. On se mit en route le 9 mars 1801 ; le voyage se fit à petites journées à travers les Apennins, puis les Alpes, aux cimes couvertes de neige et fréquentées par les ours. Des guides armés accompagnaient les voitures. On passa par Sienne, Florence, Bologne, Novare, Turin, le col du Mont-Cenis.

Retour des émigrés.

Vers la mi-avril 1801 Charles de Beaucorps arrivait à Paris avec les Bizemont ; il y retrouvait son frère Angélique licencié de l'armée de Condé. Ils partirent ensemble le 22 mai pour le château de la Borde où se trouvait Mme de Milon, née Créquy, sa fille Mme de Beaucorps et les enfants de celle-ci : Ferdinand et Alexandrine. Leur frère Henry vint les y rejoindre. Angélique et Charles en partirent le 1er août pour aller retrouver leur mère à Parençay. Quant à Henry il demeura pour faire la cour à sa nièce qu'il devait bientôt épouser.

Jean-Jacques de Beaucorps de l'Epineuil avait aussi été recueilli à la Borde à son retour d'émigration ; on le faisait passer pour le précepteur de Ferdinand. On raconte que, comme il passait par l'abbaye de Bonneval, à sa rentrée en France, les religieux firent sonner les cloches en son honneur, parce qu'un Beaucorps, disaient-ils, y avait été religieux, et que les armes de sa famille s'y trouvaient gravées (259).

M. et Mme du Fay, émigrés à Londres, rentrèrent en France, à leur tour ; mais, comme ils étaient divorcés vis-à-vis de la loi,

---

(259) Souvenirs du comte Henry de Beaucorps. Sa femme racontait aussi ce trait, mais en l'appliquant à son père Ferdinand.

il leur fallait comparaître devant le maire de Niort qui les maria
de nouveau. Cette formalité fut remplie le 12 mai 1803 ; elle comportait reconnaissance comme enfant légitime de Marie-Ferdi-
nant du Fay, né à Londres le 3 février 1802 (260).

Madame de la Guigneraye était morte au retour de l'émigration de 1789. Son mari se remaria avec Marie-Victoire Poignand
de la Lionnière.

Un des premiers soins des Beaucorps de la Bastière fut de
mettre ordre à leurs affaires et de sortir de la situation assez
complexe résultant des confiscations révolutionnaires. La nation
ayant saisi la part des émigrés sur la fortune de leur père, les
biens qui restaient appartenaient légalement à ceux qui, n'ayant
pas émigré, avaient vu leurs droits respectés. Mais leur solidarité
était trop étroite pour faire supporter aux malheureux émigrés
les conséquences d'une spoliation considérée comme un malheur
de famille dont chacun devait porter sa part. On résolut donc de
procéder à un nouveau partage, sans tenir compte de celui réalisé avant la Révolution.

On proposa à la veuve de Pierre-Louis d'y admettre ses enfants
en rapportant la terre de Livois, rachetée par elle à la nation.
Elle refusa cette proposition. Le bénéfice réalisé par ce rachat
présentait pour les orphelins un avantage au moins égal à la part
de leurs oncles dans la succession. On leur accorda néanmoins,
pour tenir compte du droit d'aînesse, qui appartenait à leur père,
de participer au partage pour une somme de 10.000 francs, et
d'avoir chacun une part dans la succession de leur grand'mère.
Cette somme de 10.000 francs prélevée, le reste des biens fut partagé par égales portions entre Mme du Fay, Henry, Angélique,
Charles et Auguste. Le sous-seing privé passé entre eux ne fut
régularisé qu'après la mort de leur mère, en 1823 (261).

(260) Arch. du vicomte Henry de Beaucorps.
(261) Voir plus loin, p. 118 et s.

CHAPITRE VII

LES BEAUCORPS AU XIXe SIÈCLE

La branche aînée.

Guillaume-Charles, après sa sortie des prisons de Brouage, s'était retiré dans sa terre de la Grollière, près de Rochefort, où il paraît avoir passé les dernières années de la Révolution sans être inquiété.

Sa fortune avait été bien entamée par la Révolution. Il eut toutefois en 1812 l'avantage de recueillir conjointement avec sa sœur la succession d'un de ses parents, Ignace-Gabriel de la Pinellérie, qui leur laissait par testament tous ses biens, comprenant une borderie en la commune d'Epargnes (canton de Cozes), qui fut vendue par Mme de Pommeroy, et d'autres propriétés dans la même localité attribuées à Guillaume-Charles.

De son mariage avec Mlle de Bélugard étaient nés plusieurs enfants qu'il eut le malheur de perdre. Lui-même mourut avant 1831 laissant pour héritière sa sœur Mme de Pommeroy.

Sa veuve vécut modestement à Epargnes. Elle touchait du trésorier des invalides de la marine de Rochefort une pension du gouvernement.

Après sa sortie de prison, en 1794, *M. de Pommeroy* fut choisi comme aide-de-camp par un saintongeais, le général Muller. Il fit avec lui la campagne du Rhin en 1799. En 1808 il était capitaine, chevalier de la Légion d'honneur. Toujours avec le général Muller il fit la campagne de 1812. En 1819 il était à demi-solde et vivait avec sa femme dans sa propriété de Bellevue (commune de Carme-la-Foret). Il eut plusieurs fils, dont l'un, *Augustin*, né à Carme en 1797, devint garde-du-corps de Monsieur, se maria en 1825, se fixa près de Langres, fut élu député de la Haute-Marne, et mourut en 1860 (262).

Héritier par sa mère de la branche aînée des Beaucorps, il a laissé deux filles, la marquise de Saint-Léger et Mme Ardouin.

(262) Voir *Notice nécrologique sur le comte de Pommeroy* par Hippolyte CHAUCHARD.

La branche aînée des Beaucorps s'est perpétuée jusqu'à nos jours par un rameau issu de *Célestin* (ou Alexis) de Beaucorps et de Marie-Anne (ou Madeleine) *de Guérin*.

Leur fils *Charles-Louis*, que nous avons identifié avec un Beaucorps qui se distingua dans les guerres de Vendée, épousa en 1799 Adélaïde *Boucher*, née en 1782 à Rochefort. Il en eut 7 enfants. Restée veuve en 1824, ayant perdu presque toute sa fortune qui était importante, elle obtint des secours du duc d'Angoulême sur la recommandation de la comtesse de Maurocher, et un bureau de tabac à Rochefort.

Elle avait eu 5 filles et 3 fils.

1° *Elisabeth*, née en 1801, épousa Alexis *de Jarry*, commissaire colonial, et mourut veuve à un âge avancé, dans une situation de fortune très précaire.

2° *François-Célestin*, né au Breuil-Magné (Charente-Infér.) le 3 février 1803, obtint une place dans les contributions et mourut à Poitiers le 24 septembre 1844. De son mariage avec Catherine-Eugénie *Mossion de la Gouterie*, qu'il avait épousée le 16 décembre 1838, il n'eut qu'un fils lequel mourut au bout de deux jours (1840).

3° *Louis-Henri*, qui suit.

4° *Sophie*, née en 1809.

5° *Marie*, née en 1811.

6° *Prosper*, né en 1815. Grâce aux sacrifices consentis par ses frères aînés il reçut une bonne éducation et entra dans le commissariat de la marine. Nommé commissaire principal à Rochefort en 1855, il se montra remarquable administrateur et organisateur ; c'était un esprit cultivé doué d'une mémoire prodigieuse et animé par le goût du travail ; il possédait aussi une grande distinction personnelle, mais, du côté du cœur, n'avait que sécheresse et orgueil. Parvenu à une belle situation, grâce au labeur de ses frères, il leur en témoigna peu de reconnaissance, et se désintéressa de ses neveux. La rosette d'officier de la Légion d'honneur récompensa ses services dans la marine. Il mourut célibataire à Beauregard, commune du Breuil-Magné, près de Rochefort, en décembre 1890 ou janvier 1891 (263).

7° *Louise*, née en 1821.

Louis-Henri, né à Breuil-Magné en 1807, fit de longues campagnes maritimes comme officier mécanicien et, au retour de l'une

---

(263) Il laissa sa tabatière et ses décorations au baron Adalbert de Beaucorps. Ces souvenirs sont conservés au château de Reuilly.

d'elles, à Tahiti, où il était devenu hydropique, il mourut à l'hôpital militaire de Brest en 1853.

Il avait épousé Stéphanie *Chenal*, née à Rochefort en 1813, qui mourut avant lui en 1841, laissant deux fils, Louis et Henri. Les deux orphelins furent élevés par des parents de leur mère.

Henri, né à Toulon en 1841, mécanicien principal de la marine, décédé à Valence en 1919, a laissé de son mariage avec Eugénie-Claire Rayens, de Rochefort, deux filles : *Antoinette*, licenciée ès-lettres, professeur de l'Université, et *Henriette*, licenciée ès-sciences, professeur de l'Université.

Louis, né à Toulon en 1838. Officier mécanicien aux messageries maritimes, décédé à Marseille en 1894, il épousa en premières noces Clarisse *Chenal* — qui mourut en 1887 — et en secondes noces Henriette *Chenal-Singery* qui habite à l'île Maurice avec sa fille Jeanne née en 1887.

Du premier lit étaient nés deux fils et une fille.

1° *Henri*, né en 1867, mécanicien de la marine, décédé en 1919, a laissé de son mariage avec Mlle *Albert* 2 fils et 2 filles.

2° *Emile*, né en 1871, commissaire aux Messageries maritimes, décédé le 17 avril 1925 sans alliance.

3° *Thérèse*, née en 1875, mariée à Toulon en 1904 à Charles *Laty*, capitaine d'infanterie coloniale.

Les Beaucorps de l'Epineuil.

La branche de l'Epineuil fut fort éprouvée par la Révolution qui fit perdre à *Guillaume* de Beaucorps une grande partie de sa fortune et le laissa presque ruiné. A un de ses parents qui lui écrivait, il faisait cette recommandation : « Si vous vous donnez la peine de m'écrire, mon infortune ne me permet pas d'acquitter les ports. » (En ce temps-là c'était le destinataire qui payait l'affranchissement des lettres.)

C'était un type de vieux gentilhomme, un peu entiché de sa noblesse, très attaché aux traditions de famille, mais n'ayant sur son histoire que des notions assez vagues et même erronées.

Ne prétendait-il pas que les Beaucorps de l'Epineuil étaient la branche aînée, ce qui le brouilla avec d'autres membres de sa famille qui s'insurgeaient contre cette prétention, d'ailleurs maintenue par ses descendants.

Ses revers de fortune l'avaient quelque peu aigri. Il resta néanmoins bon parent. Il eut le bonheur de voir la Restauration monarchique et mourut peu après à un âge assez avancé.

Jean-Jacques, fils de Guillaume, (qu'il ne faut pas confondre avec son oncle du même nom tué à Quiberon), après avoir participé aux expéditions royalistes de l'Ouest, rentra en France en 1801, et épousa par contrat du 8 janvier 1802 Marie-Françoise *Lambert*, fille de Pierre-Philippe Lambert et de Marie-Marguerite Merveilleux demeurant à Angoulême (264).

Il se fixa dans la maison de famille de l'Epineuil, près Saintes. Lorsque Napoléon passa par cette ville, en 1808, revenant de Bordeaux et se rendant à Rochefort, Jean-Jacques de Beaucorps fut désigné, comme ancien officier, pour commander la garde à cheval qui devait lui faire escorte. S'il était aussi fervent royaliste que ses cousins de la Bastière, ce choix ne dut pas lui être agréable ; il était d'ailleurs fort onéreux pour des gens ruinés par la Révolution, car l'uniforme des gardes à cheval coûtait, disait-on, 2.000 francs ; il comportait l'habit vert des dragons avec collet et parements rouges, pantalon blanc et bottes à l'écuyère (265).

La Restauration conféra à Jean-Jacques de Beaucorps la croix de Saint-Louis ; elle le nomma conseiller municipal de Saintes et capitaine de la garde nationale. Mis de côté au moment des Cent-Jours, il fut sans doute réintégré par la seconde Restauration. Il était encore conseiller municipal en 1831 et mourut à l'Epineuil le 12 janvier 1841.

Des deux fils de Jean-Jacques de Beaucorps, le cadet, *Théodore*, mourut célibataire. L'aîné, *Théophile*, épousa par contrat du 2 février 1824 Julie-Zoé-Delphine *Pelletreau*, fille de François, négociant à Rochefort, et de Marguerite-Félicité Fourré. Il quitta Saintes pour se fixer en Bretagne sous prétexte que ce pays était le berceau de sa famille. Il mourut à Terrefort le 10 mai 1876, laissant 4 enfants :

1° *Camille*, qui épousa en 1856 Alfred *Ordonneau*, propriétaire à Châteauneuf (Charente) dont elle eut plusieurs enfants qui ont laissé postérité.

2° *Antoinette*, mariée en 1843 à Eugène Savary, conseiller à la Cour d'appel de Poitiers, dont un fils mort à 7 ans.

3° *Ludovic* qui suit.

4° *Gustave*, né en 1825, inspecteur des finances, mort célibataire à Nice, le 10 juin 1906, et enterré au cimetière Saint-Palais,

(264) Arch. du comte de Beaucorps-Créquy.

(265) De BREMOND D'ARS, *Histoire du 21e régiment de chasseurs à cheval.*

à Saintes, dans la sépulture de famille ; c'était un homme très distingué, de grand mérite et de haute culture, collectionneur passionné.

Ludovic de Beaucorps épousa Cécile Delhomme dont il eut :
1° *Henriette*, décédée.
2° *Henri*, marié, sans enfants.
3° *Antoinette*, demeurant au Croisic.
M. Ludovic de Beaucorps est décédé à la Rochelle le 23 février 1923.

La Marquise de Beaucorps, née du Souchet.

Après les longues et cruelles épreuves de la période révolutionnaire la veuve de François de Beaucorps se retira dans sa maison de Saint-Jean-d'Angély, où elle mena encore, de longues années, une existence modeste, mais bienfaisante. Dans les arrangements qu'elle avait pris avec ses enfants, elle s'était réservé la jouissance de la terre de Parençay, mais quelques mois avant le mariage de son fils Charles, le 5 juillet 1804, elle la lui donna à bail moyennant une rente de 1.778 ou 1.800 livres tournois pour la durée de sa vie, se réservant seulement la partie du château faisant face au midi pour y venir habiter.

Elle mourut à Saint-Jean, dans sa maison du Grand-Logis, le 12 août 1823, âgée de 82 ans. L'année d'avant, son fils Charles, signalant au comte de Maurville les services rendus par lui et les siens à la cause royaliste, faisait un éloge de sa mère qui peut tenir lieu d'oraison funèbre : « S'il est difficile de trouver une famille aussi nombreuse dont tous les membres, sans exception, aient montré autant de dévouement à la cause royale, il n'est pas plus facile de trouver plus de traces de vengeance révolutionnaire réunies sur la même tête. C'est Madame de Beaucorps, restée en France, qui a souffert pour tous ses enfants, spoliation, incarcération, vexations de tout genre. Son courage, sa résignation ont tout surmonté, et elle vit aujourd'hui, plus qu'octogénaire, dans une médiocrité voisine du besoin, aussi satisfaite que si elle était à la tête d'une fortune de 1.500.000 ou 1.600.000 francs, parce qu'elle se fait bénir de ceux qui l'entourent (266). »

Ce n'est qu'après la mort de la marquise de Beaucorps que ses enfants procédèrent au partage légal des biens de leurs parents qui avaient échappé au naufrage révolutionnaire. Il fut

---

(266) Arch. du vicomte Henry de Beaucorps.

réalisé le *17 août 1823* (267). Les copartageants étaient Ferdinand et Alexandrine, représentant leur père décédé, Henry-Madeleine, Angélique, Charles, Auguste et Ferdinand vicomte du Fay, seul et unique héritier de sa mère Henriette de Beaucorps. Ferdinand et Alexandrine n'avaient rien à prétendre à la succession paternelle, à cause des arrangements pris en 1804, et quant à l'hérédité maternelle, ils abandonnèrent leurs droits au 6e moyennant une somme de 11.640 francs qui leur fut versée par les attributaires des lots les plus importants.

Les immeubles furent donc répartis en 5 lots :

Charles eut le domaine de Parençay et ce qui restait du domaine de Treuil-Chopin.

Angélique eut le domaine de Machecoult, canton de Puyrolland, et celui de Courdeau, même commune, ainsi que le prix encore dû d'une maison vendue par sa mère à Mlle Coullaud le 1er septembre 1819 (268).

Ferdinand du Fay eut le prix de vente du domaine de Saint-Christophe et une rente due par une dame le Veneur.

Auguste-François eut des marais salants situés dans les communes de Marennes, Saint-Sorlin et autres ainsi que le prix du domaine de Chervettes vendu au s^r Vinet.

Henri-Madeleine eut le domaine de la Bastière, et comme ce lot excédait la valeur des autres, il se chargea de payer à Ferdinand et Alexandrine la soulte de 11.640 francs.

Ce partage ne faisait que régulariser celui qui avait été passé sous seings privés en 1804.

En 1825 les Beaucorps obtinrent d'être compris parmi les bénéficiaires de l'indemnité de un milliard que la loi du 27 avril 1825 accorda aux émigrés dont les biens avaient été pris (269). Etant donné les clauses du partage de 1804 et 1825 il était juste que cette indemnité fût partagée également entre tous.

La liquidation de cette indemnité se fit avec une grande lenteur

---

(267) Pierre-André Jouslain, not. à Saint-Jean-d'Angély.

(268) Il s'agit de la maison de Saint-Jean-d'Angély où la marquise de Beaucorps logeait deux religieuses bénédictines et qui fut vendue par son fils, Angélique, pour y établir un couvent de cet ordre. (Souvenirs du comte Henry de Beaucorps). — C'est dans ce couvent qu'Evelina de Beaucorps fera profession de vie religieuse.

(269) Cette indemnité dite du milliard des émigrés était représentée par 30 millions de rente 3% qui devaient être versés en 5 termes, du 22 juin 1825 au 22 juin 1829. Les formalités et enquêtes retardèrent beaucoup les attributions. Lorsque la révolution de juillet éclata, il n'avait été délivré que 24.400.000 francs de rentes ; le milliard se trouva réduit à un peu moins de 26.000.000 de rentes représentant un capital de 870 millions environ. MARCOU, *Correspondant* du 10 avril 1923.

el exigea mainte démarche. Le 17 juillet 1828, Alexandrine de
Beaucorps écrivait à son beau-frère Charles pour lui en demander
des nouvelles et ajoutait : « Toutes les autres familles seront
liquidées avant la nôtre. » La comtesse Charles fit intervenir sa
belle-sœur, la marquise de la Rochejacquelein ; celle-ci lui mandait, le 11 décembre 1892 : « Il y a six semaines j'ai remis une
note au ministre des finances pour vos indemnités. Il l'a serrée
dans une petite poche intérieure, mais cela ne va pas plus vite. »

La descendance de Pierre-Louis de Beaucorps, Auguste-Ferdinand, Comte de Beaucorps-Créquy (270).

Il naquit à la veille de la Révolution (20 janvier 1789) et ne
connut point son père qui mourut à Maëstricht en 1793. Il fut
élevé par sa mère au château de la Borde.

Sous l'empire, il se décida sous l'inspiration du fils du préfet
du Loir-et-Cher, M. Christiani, avec qui il s'était lié, à entrer
dans les gardes d'honneur de Napoléon. Ce fut un véritable déses-
poir dans la famille qui considérait, en un temps de fidélité à
outrance, que c'était offrir des services à l'usurpateur.

Le *24 juin 1812* il épousa Elisabeth *Hurault de Saint-Denis*,
fille de Aunet Hurault, marquis de Saint-Denis, et de Marie-
Madeleine-Elisabeth de la Bonninière de Beaumont, sa cousine-
germaine. Ce mariage apporta dans la famille la terre de Saint-
Denis, près Blois, et sa belle demeure seigneuriale du XVIIIe siècle,
qui est restée jusqu'à nos jours un centre de famille bien vivant.
La branche aînée des Hurault, vieille famille de magistrats, était
fixée à Saint-Denis, depuis la fin du XIVe siècle ; leur nom se rencontre dans les registres de cette paroisse dès 1546. Elisabeth
Hurault avait un frère et une sœur qui moururent sans alliance
en 1811 ; quant à sa mère elle vécut jusqu'à 98 ans et mourut à
Saint-Denis en 1864.

Ferdinand de Beaucorps fit les campagnes de la fin de l'empire 1812-1813 en qualité de lieutenant. Après la bataille de
Hanau (30 octobre 1813) le bruit courut qu'il avait été tué, et sa
famille resta pendant longtemps sans nouvelles parce qu'il se
trouvait enfermé dans Mayence assiégée. Il ne fut délivré que
par le retour de Louis XVIII en France et la paix qui s'en suivit.

(270) Cette notice, ainsi que celles sur Henri-Madeleine et Alexandrine sont
empruntées principalement aux souvenirs d'Alexandrine de Beaucorps, recueillis et mis en œuvre par son arrière-petit-fils Jean. Ils complètent ceux
du comte Henry de Beaucorps.

Pendant ce temps son oncle et beau-frère avait pris le titre de marquis, ce qui le décida à relever le nom de Créquy, celui de sa grand'mère, et désormais il s'appellera de Beaucorps-Créquy.

Etant déjà dans l'armée, il put entrer de suite aux mousquetaires noirs du Roi. Pendant les Cent-jours, il ne fit pas comme beaucoup d'autres. Une fois rallié à la monarchie, il lui resta fidèle et se retira dans ses foyers. Il fit même mieux ; le Roi ayant envoyé de Gand à quelqu'un de sa famille (sans doute son beau-frère Henri-Madeleine, agent royaliste dans la région) des ordres que l'on ne comprenait pas, Ferdinand s'offrit à aller chercher des explications. Repassant la frontière, au mois de juin, il rencontra les troupes partant pour Waterloo. Se voyant déjà pris et fusillé comme porteur de dépêches, il n'eut que le temps de se cacher dans un champ de blé, heureusement bien levé, en jetant loin de lui son bâton qui contenait des ordres. Enfin il put reprendre son bâton et sa route et rapporta des dépêches importantes à M. de la Rochefoucauld.

Après le retour définitif de Louis XVIII, le comte de Beaucorps eut le douloureux devoir d'assister à l'exécution du maréchal Ney, qui eut lieu le 7 décembre près de l'Observatoire, à l'endroit où plus tard lui fut élevée une statue. Il n'eut pas à commander l'exécution puisque ce fut Ney lui-même qui, pour lui épargner ce dur sacrifice, dit aux soldats : « Faites votre devoir, visez au cœur. » Dans son agonie, le souvenir de ce cruel moment le poursuivra et lui fera verser des larmes (271).

Lorsque Auguste de la Rochejacquelein fut chargé par Louis XVIII de former et de commander la garde royale à cheval, Ferdinand fut reçu un des premiers dans ce corps d'élite. Il y fut nommé capitaine (29 janvier 1817) au premier régiment de grenadiers et passa ensuite chef d'escadron.

En 1830 il donna sa démission et accompagna jusqu'à Cherbourg Charles X et sa famille partant pour l'exil. Il donnait le bras à la duchesse d'Angoulême pour la conduire au vaisseau qui devait l'emmener, et la manche de son uniforme fut toute mouillée des larmes que versait cette malheureuse princesse. Le Roi lui donna à Cherbourg deux chevaux, l'un gris et l'autre bai. Il revint chez lui vêtu d'une grande blouse et conduisant une charrette. Les siens ne le reconnurent qu'à sa toux (272).

Au printemps de 1832 la duchesse de Berry résolut de tenter un soulèvement pour le rétablissement de la monarchie légitime et fit appel à ses plus zélés partisans pour organiser les forces

(271) Souvenirs du comte Henry de Beaucorps.
(272) Souvenirs du comte Henry de Beaucorps.

militaires. Le comte de Beaucorps-Créquy conserve un billet daté de Massa, 17 mars 1832, signé Marie-Caroline et ainsi conçu : « J'autorise Monsieur de Beaucorps à former pour le service d'Henri cinq, dans la Touraine, le Blaisois et le Vendômois un régiment de cavalerie, dont il prendra le commandement. »

Au premier soulèvement de la Vendée en mai 1832, Ferdinand de Beaucorps partit déguisé en courrier pour rejoindre la duchesse de Berry ; mais, en arrivant, il apprit que l'affaire avait manqué et que la duchesse avait été obligée de se cacher. Un peu plus tard, il se rendit à nouveau en Vendée, près de Madame, pour prendre ses ordres : ses neveux Edouard, Eugène et Albert, son cousin Henry de Beaucorps étaient à Saint-Denis prêts à le rejoindre au moment opportun. On sait que la prise d'armes qui se produisit dans la nuit du 3 au 4 juin échoua, que la duchesse de Berry fut forcée de fuir et de se cacher à Nantes. Le comte de Beaucorps, lui aussi, dut se cacher pour échapper aux recherches de la police ; il se déguisa ensuite en ouvrier afin de pouvoir revenir chez lui. Il y parvint après mille difficultés et non sans courir de grands dangers, car il était porteur de proclamations et de papiers importants. Il passa le reste de sa vie dans l'inaction forcée où les événements plongeaient les royalistes fidèles, partageant son temps entre Saint-Denis et Montgiron où habitaient sa sœur et son beau-frère. Grands veneurs l'un et l'autre ils se consolaient de ne pas faire la guerre en chassant à outrance (273).

Il mourut le 29 juin 1875. A cette occasion, le comte de Chambord adressa à son gendre, le comte Henry de Beaucorps, cette lettre flatteuse :

Marienbad, 17 juillet 1875.

« Je m'associe bien sincèrement, Monsieur le Comte, au deuil
« de famille dont vous me faites part, et c'est toujours avec un
« profond sentiment de tristesse que je vois disparaître les der-
« niers survivants d'une époque qui compte tant de vrais et
« incomparables dévouements. Le comte de Beaucorps-Créquy
« était un de ces types d'honneur militaire dont la longue car-
« rière renferma plus d'un enseignement, et dont la mémoire
« vivra entourée de tous les respects. Aux regrets causés par la
« mort, vient se mêler, du moins, une consolante pensée. C'est

---

(273) Le 8 mars 1837, la marquise de Beaucorps écrivait à sa belle-sœur la comtesse Charles : « Mes enfants et Ferdinand vont passer 8 à 10 jours à chasser tant dans la forêt de Boulogne qu'à Chambord où notre beau-frère doit les rejoindre. Comme c'est la dernière chasse de l'année, il y aura des chasseurs de tous les environs et je crois 96 chiens. Le plus fou de la bande est le père Ferdinand. »

« que le nom de Beaucorps, si noblement porté par lui, n'a, dans
« toutes les branches de votre famille, que de dignes représen-
« tants et qu'il est et restera dans le Blaisois le symbole de la
« fidélité. Soyez l'interprète de ma douloureuse sympathie auprès
« de Madame de Beaucorps, de vos belles-sœurs, et de tous les
« vôtres et comptez sur mes sentiments bien sincères. »

HENRI.

Ferdinand de Beaucorps avait eu un fils *Raoul*, né à Saint-
Denis en 1820, qui mourut sans alliance en 1855. Il laissait 3
filles : *Anne*, née en 1813, mariée depuis 1834 à James de la
Goute-Bernard *de Marolles*, — *Léa*, née en 1817, mariée depuis
1840 à Anselme, *comte de Monspey*, — et *Mathilde*, née en 1818,
mariée depuis 1844 à son oncle à la mode de Bretagne le *comte
Henry de Beaucorps*. Celui-ci hérita du château de Saint-Denis
et le transmettra plus tard à son fils Yvan qui relèvera le nom de
Beaucorps-Créquy de son grand-père Ferdinand.

Henri-Madeleine, Mᶦˢ de Beaucorps.

Libéré de l'armée de Condé, Henri-Madeleine profita comme ses
frères de l'amnistie pour rentrer en France, et il vint à la Borde
où séjournaient sa belle-sœur avec ses enfants. Depuis la mort
de Pierre-Louis, il était leur tuteur, mais, émigré, il n'avait pu
s'occuper d'aucune gestion. Les affaires se trouvaient embrouil-
lées et les comptes difficiles à rendre ; d'ailleurs il ne restait que
des bribes de la fortune saccagée ou soustraite par la Révolution. Pour tout arranger d'une façon bien simple, l'oncle et la
nièce résolurent de s'épouser. A vrai dire l'inclination avait aussi
sa part dans cette union, et malgré le lien de parenté, malgré le
jeune âge d'Alexandrine qui n'avait que 16 ans, le mariage se
fit en 1803.

Après la naissance d'Edouard en 1804 on se décida à vendre
La Borde. Cette belle terre, située à deux lieues de Valençay et à
la même distance de Selles-sur-Cher, était dans la famille de Milon
depuis un siècle et demi (274). On se disait de père en fils : « Mes
enfants, ne vendez pas la Borde ; c'est une bonne mère nourrice
qui nous a tous élevés. » Elle le fut pourtant, et morcelée aussitôt.

On acheta à la place Montgiron, près de Veilloies, en Sologne

___

(274) Elle avait été acquise le 26 mai 1656 par Alexandre Milon, président des trésoriers de France à Bourges. — Arch. du marquis de Beaucorps.

(canton de Romorantin). C'était une magnifique terre, criblée d'étangs (il y en avait 93) et un splendide territoire de chasse. Jusqu'à la Restauration Henri-Madeleine y vécut de la vie des gentilshommes campagnards de vieille souche lancés dans l'opposition et ne voulant voir en Napoléon que l'Usurpateur. Il reçut même, aux approches de la Restauration, de Louis XVIII, se trouvant alors à Gand, par l'entremise du Vte de Montmorency, le titre de chef de légion de la Garde nationale en Loir-et-Cher pour organiser et commander des rassemblements royalistes, et s'acquitta de sa mission avec autant de zèle que de dévouement (275). Enfin, le retour de Louis XVIII sur le trône de ses pères mit le comble aux vœux des vieux royalistes tels que les Beaucorps. Les opinions d'Henri-Madeleine étaient si bien connues, sa situation dans le pays si prépondérante, que quand le duc et la duchesse d'Angoulême, se rendant à Bordeaux, traversèrent le Loir-et-Cher, en février 1815, les notables du pays le prièrent de se mettre à la tête de la garde d'honneur qui devait escorter leurs Altesses. Nous avons l'adresse de remerciement qui lui fut adressée après cette manifestation ; elle exprime bien les sentiments qui régnaient alors dans une grande partie de la population : « Nous n'avions, M. le « Mis, qu'un moyen de vous exprimer notre reconnaissance, « c'était de partager votre enthousiasme. Vous avez vu, sans « doute, par nos visages, que les cris de Vive le Roi ! Vive les « Bourbons ! étaient devenus un épanchement de nos cœurs. « Nous avons lu sur ceux du Prince et de la Princesse le désir « ardent de cicatriser les plaies de l'Etat et de rendre à la France « le bonheur qui devient si nécessaire à sa prospérité. Après ce « vœu que nous formons tous avec vous, il en est un qui, nous « l'espérons, se réalisera bientôt, c'est de vous voir reprendre, « lors de l'organisation de la Garde nationale, le rang que votre « bravoure et votre naissance vous assignent. »

A la suite de cette lettre, datée du 4 mars 1815, Henri-Madeleine notera plus tard : « De tous ceux qui ont signé cette lettre, 3 ou 4 seulement sont restés fidèles à la royauté ; les autres n'ont pu résister à l'entraînement de ce nom maudit de Bonaparte ; ils ont été déplorables pendant les Cent-Jours qui ont causé tant de malheurs à la France, et une fois en opposition avec la royauté, ils y sont restés. » Lui, au moins, demeura fidèle à ses principes, et lorsque Louis XVIII rentra de nouveau en France, il en reçut la récompense qui lui était due par la nomination de chef-de-bataillon de la Garde nationale (31 mars 1816). Lorsque la légion

_____

(275) Certificat du vicomte de Montmorency et du marquis de Rivière, 13 sept. 1815. — Arch. du marquis de Beaucorps.

fut envoyée en garnison à Amiens, il en fut promu colonel, mais, ne voulant pas quitter le Blésois, donna sa démission. Il avait reçu en récompense de ses services la croix de Saint-Louis (276).

Le Mis de Beaucorps était un très bel homme, non seulement par la stature, mais aussi par les traits du visage, comme on peut en juger par une miniature faite dans sa jeunesse. Il était doué aussi, comme son père, d'une force physique peu ordinaire, et on racontait sur lui une anecdote analogue à celle de François. Se promenant un jour, à cheval, il se trouva arrêté devant un petit pont très étroit par un roulier qui ne voulait pas débarrasser la voie de sa charrette et, malgré ses appels réitérés, faisait la sourde oreille. Pris de colère, Henri accroche son cheval à un arbre, court à la charrette, desserre vivement la chaîne, et avant que le charretier, muet de surprise, ait pu protester, dépose une barrique sur la route. Puis il retourne tranquillement à son cheval et fait mine de s'éloigner. Notre homme, revenu de sa stupeur, reconnut qu'il avait affaire à M. Henri (comme on appelait familièrement le Mis de Beaucorps) et se confondit en excuses et en gémissements sur sa pauvre barrique qu'il allait être obligé de laisser sur la route, n'ayant pas de treuil pour la remonter. M. de Beaucorps, touché de ses excuses et de son embarras, empoigna la barrique aux deux bouts, la soupèsa un peu, et la rechargea sur la charrette.

De son père il avait reçu aussi en héritage la passion de la chasse. Avec son neveu et beau-frère Ferdinand de Beaucorps-Créquy, il courait le gros gibier dans toute la Sologne, alors très sauvage et infestée de loups. Il reçut du duc d'Orléans la permission de chasser dans sa forêt de Bruadan, à condition de présenter à l'officier forestier désigné les têtes des loups et des renards qu'il aurait tués. La charge de capitaine de louveterie, qui lui fut accordée, avait alors sa raison d'être et facilitait les déplacements de chasse dans tout le pays.

Le Mis de Beaucorps tenait une place considérable dans la contrée, s'occupant activement d'agriculture, très aimé de ses voisins, conseiller général de son canton ; estimé de tous pour la loyauté de son caractère.

Il mourut subitement, comme son père, et prématurément (il n'avait que 60 ans) en 1829, sans avoir la douleur de voir la

(276) Il écrivait le 3 déc. 1816 au vicomte de Montmorency : « Mon général, apprenant que Mme de Beaucorps a écrit à Périgny pour l'engager à me porter sur le tableau qu'il a dû vous adresser pour les croix de la Légion qui doivent être accordées aux gardes nationaux, je m'empresse de vous prévenir que le colonel de la Légion où je sers vient de la demander au Ministre, pour le lieutenant-colonel et pour moi. » (Arch. du vicomte Henry de Beaucorps.)

Restauration, qu'il avait tant désirée et si bien servie, s'effondrer avec la Révolution de juillet. Il se trouvait à Blois, dans la vieille maison de la place Saint-Louis, en face de la Cathédrale, le Jeudi Saint ou le jour de Pâques, et devait se rendre à l'église pour faire ses pâques. Ne le voyant pas sortir, on entra dans sa chambre : il était mort.

Alexandrine de Beaucorps, Marquise de Beaucorps.

Alexandrine de Beaucorps, femme d'Henri-Madeleine, a tenu une grande place dans la famille, tant par ses rares qualités de cœur et de caractère que par la longue durée de son existence, qui servit de lien entre plusieurs générations.

Née en 1787, elle n'avait pour ainsi dire pas connu l'ancien régime. Néanmoins. elle aimait à rappeler qu'elle avait joué avec le Dauphin et avait été bercée sur les genoux des duchesses. Sa mère, en effet, née Milon, était obligée, quoique cela l'ennuyât à périr et qu'elle tâchât de s'en dispenser, d'être souvent chez sa tante la M^{ise} de Créquy-Hémon, auteur supposé des Mémoires, chez qui se réunissait une petite cour composée principalement de savants et de gens d'esprit. Cette grande dame se montrait très aimable pour sa nièce qu'elle nommait son Ange.

Après avoir passé avec sa mère et son frère les tristes années de la Révolution, elle fut mise en pension dans un couvent de Bernardines dont elle paraît être sortie peu de temps avant son mariage contracté à 16 ans avec son oncle Henri-Madeleine. Elle avait juste 17 ans quand naquit son fils Edouard (22 juin 1804). La Borde ayant été vendue peu après, elle passa son existence à Montgiron où naquirent ses fils Eugène et Albert, existence plutôt sévère dans cette Sologne presque déserte, et si peu confortable qu'on trouvait tout naturel de se rendre à Blois dans une charrette bâchée avec une botte de paille sous les pieds. On vivait, il est vrai, à une époque où le calme et le repos semblaient une bien bonne chose après les inquiétudes de la Révolution ; et puis la noblesse, sortie de la tourmente plus ou moins ruinée, était obligée de mener un train modeste.

Tous les ans Madame de Beaucorps passait quelque temps en ville avec son mari et, après la mort de celui-ci, elle s'y fixa d'une façon à peu près définitive, dans une petite maison qui touchait à l'évêché et où sa vie se prolongea jusqu'à 97 ans. Jusqu'à la fin, elle resta une femme de grand caractère, fidèle aux deux grands amours qui avaient dominé toute sa vie : celui de Dieu et celui de la Monarchie.

Elle eut toujours une horreur invétérée pour le drapeau tricolore, ce qui s'expliquait par les massacres où elle l'avait vu arborer au temps de sa jeunesse, et ce sentiment se manifestait jusque dans les plus petits actes. Ne préféra-t-elle pas, au moment des Cent-Jours, se trouvant en voyage, faire faire à sa berline des lieues par de mauvais chemins, plutôt que de traverser les villes où on avait arboré les trois couleurs. Et jusqu'à la fin de sa vie, le retour du drapeau blanc fut l'objet de ses désirs et de ses regrets. Elle souhaitait à ses enfants et petits-enfants de voir, « si c'était encore possible, le retour assuré et pour toujours de notre cher drapeau blanc : il a eu le culte de ma vie entière, et s'il m'était donné de le revoir, je sens que j'en mourrais de bonheur. »

Ses enthousiasmes et ses aversions politiques s'alimentaient à la lecture assidue des journaux qui, durant sa longue retraite, fut sa principale occupation avec le travail et la prière. Et à travers tous les événements politiques ce qu'elle guettait poindre à l'horizon, c'était son cher drapeau blanc ; aussi quelle émotion quand ce rêve devint presque une réalité après 70, au moment où Henri V en personne vint séjourner quelques jours à Chambord. Avec quelle touchante fierté elle rapporta que, « pendant ces trois jours, notre famille a toujours été représentée auprès du Prince », et que, comme on lui en présentait les derniers venus, en lui disant : « Monseigneur, en voici encore », il répondit en souriant : « Il n'y en aura jamais assez. » Quelle joie pour elle de voir les sentiments de ses enfants si bien correspondre aux siens et de noter l'émotion produite sur eux par la vue du Prince.

Elle-même, malgré ses 90 ans passés, hésita à se rendre à Chambord et c'est seulement le deuil de son fils Eugène qui l'en empêcha. « Comme le pauvre Eugène, écrivait-elle, m'avait dit tant de fois qu'il me le ferait revoir, je n'ai pas eu le courage d'y aller sans lui, et j'ai résisté à tout. Il m'aurait été impossible d'avoir la force de maîtriser mon émotion en pensant à celui que j'ai perdu. » A ce renoncement volontaire, vient se joindre une déception plus sensible : le Cte de Chambord, passant à Blois, sans prévenir, avait assisté à la messe de Saint-Louis, sous les fenêtres même de celle qui aurait tant voulu le revoir. Quel regret d'avoir manqué une pareille occasion ! Un autre regret se joignait aussi à celui-là, c'est que ses petits-enfants Robert et Valentine, prévenus trop tard, n'aient pu arriver à temps pour saluer le Prince.

Ce n'est pas seulement en politique qu'elle resta toujours une femme d'autrefois. Ses habitudes de vie ne se modifièrent pas avec le temps. Elle ne voulut jamais monter en chemin de fer et justifiait ainsi son ostracisme : « Nos grand'mères valaient mieux que nous ; celles qui restaient dans leurs châteaux et non pas celles de Paris et de la Cour. Elles avaient l'amour de leurs devoirs, de leurs demeures ; elles étaient bonnes chrétiennes et surveillaient leurs familles, leurs maisons, sans faire toutes ces galopades. Mais nous devons tout cela à ces maudits chemins de fer, dont on se passait si bien autrefois et qui font qu'on ne peut plus rester chez soi. »

La M^{ise} de Beaucorps était froide d'accès et peu expansive. En réalité elle ne vivait que par le cœur. L'âge n'émoussa en rien sa sensibilité, et par un privilège assez rare, elle conserva jusqu'en l'extrême vieillesse une grande vivacité de sentiments.

Durant la guerre de 1870-71 elle souffrit cruellement de nos revers et, tant que dura l'occupation prussienne à Blois, elle se confina dans sa chambre, refusant même de sortir pour prendre l'air, tellement il lui était pénible de voir l'ennemi installé dans sa maison et dans sa ville.

La mort de son fils Eugène, qu'elle perdit lorsqu'elle avait 90 ans, lui causa un chagrin dont elle ne se consola pas. Que fut-ce lorsqu'elle eut perdu ses deux autres fils et qu'elle se vit survivre à tous les siens ? Cependant elle ne se laissa pas abattre. Physiquement aussi elle résistait aux atteintes de l'âge ; elle conservait cet aspect de rigidité qui caractérisait son maintien et ne perdait rien de sa taille ; elle continuait à se lever tôt et à vaquer aux soins de sa maison, n'ayant d'autre infirmité qu'une surdité qui rendait avec elle la conversation difficile. Peu de temps avant sa mort, elle fit une chute dans sa maison et se cassa le col du fémur. Elle s'en remit, mais à partir de ce moment ne voulut plus marcher.

Edouard, Marquis de Beaucorps.

Fils aîné d'Henri-Madeleine, il naquit le 22 juin 1804. Il fut admis, ainsi que ses deux frères, au collège royal de Senlis. Il embrassa la carrière militaire et était en 1830 capitaine au 13e Chasseurs à cheval, lorsque la chute de Charles X le décida à briser son épée. Avec ses frères Eugène et Albert, il devait en 1832 participer au soulèvement de la Vendée, qui avorta si piteusement.

Il épousa le 1er février 1833 Adèle Des Prés de Fains, veuve de M. de Barne, tué au siège d'Alger, peu après son mariage, étant aide-de-camp du Maréchal de Bourmont.

Le Mis de Beaucorps passa toute sa vie au château de la Chesnaie, près de Chailles, en Blésois, que lui-même avait construit pour en faire une demeure de famille, dans une propriété acquise vers 1836 de M. de Guercheville. Passionné chasseur, comme tous les membres de sa famille, il louait avec ses frères des parts de chasse dans les forêts avoisinant sa propriété et consacrait de longues journées à son sport favori. Atteint jeune encore d'une surdité qui ne fit que s'aggraver avec l'âge, il fut contraint par cette cruelle infirmité de mener une vie assez retirée. La sérénité de son caractère n'en fut pas altérée et il exerça une profonde et salutaire influence sur sa famille dont il était le chef très écouté, et sur ses nombreux amis. On aimait à le consulter à cause de la droiture de son jugement, de son esprit de conciliation, de son caractère aimable et accueillant.

En 1848 il voulut, malgré les dangers que lui faisaient courir sa surdité, s'unir aux gardes nationales qui se portaient de tous les points de la France vers Paris pour y défendre l'ordre contre l'anarchie.

Tenu à l'écart de la vie publique où il eut fait si bonne figure, il se montra exemplaire dans la vie privée.

« Secondé en tout par sa digne compagne qui avait su, dès le commencement, s'identifier à ses affections et à ses épreuves comme à ses sentiments de piété, il était large dans son hospitalité, grand dans ses bonnes œuvres, autant qu'il était simple et modeste dans ses habitudes et sa vie intime. »

La fille aînée du Mis de Beaucorps, Valentine, née en 1833, épousa en 1851 le Cte de Saint-Maixent. De ses deux fils, Henri, l'aîné, lui fut enlevé prématurément le 19 juillet 1866, après une douloureuse maladie ; il mourut dans les sentiments le plus chrétiens. Le second, Robert, continua dignement les traditions de sa famille.

La mort du Mis de Beaucorps fut conforme aux sentiments de piété qui avaient inspiré toute sa vie. Averti par de cruelles infirmités de sa fin prochaine, il s'y prépara avec calme et sérénité. La dernière semaine qu'il passa sur la terre, il fut éprouvé par d'atroces douleurs qu'il supporta avec une admirable résignation, et il atteignit une telle hauteur d'âme que le prêtre qui l'avait assisté rendit devant son cercueil cet émouvant témoignage : « Je bénis Dieu d'avoir donné à mon ministère sacerdotal la joie d'avoir connu la beauté de cette âme et l'élévation de ses sentiments ; je conserverai toujours comme une consolation le souvenir de cette courageuse acceptation d'un véritable et long martyre et de cette sainte préparation à l'heure suprême. »

Son ami le plus ancien, le plus intime, qui le chérissait comme un frère disait de lui : « Je n'ai pas connu à Edouard une imperfection en 50 années d'une constante amitié. »

Aussi la mort de cet homme si vénéré fut un deuil public. Le jour de son enterrement un immense concours de peuple accourut de toutes les communes environnantes. On se disputait presque l'honneur et la consolation de porter ses restes à sa dernière demeure (277).

La marquise Edouard de Beaucorps partageait les sentiments de piété et de charité de son mari. C'était une femme accomplie qui savait remplir dans toute leur plénitude et avec une rare perfection ses devoirs d'épouse et de mère, son rôle de maîtresse de maison, les obligations charitables et sociales que lui imposaient sa situation de fortune et la position de son mari. La maison de la Chesnaie était bien réglée sans luxe exagéré. On y trouvait un accueil cordial et bienveillant : l'ordre et la méthode, la sage économie qui présidait à ses dépenses lui permettaient de consacrer des sommes importantes aux œuvres religieuses et charitables. On a dit d'elle qu'elle n'est jamais restée sourde à aucune prière et que personne ne lui a demandé sans recevoir. Ses vertus sociales et domestiques avaient leur source dans une profonde et solide piété.

Après la mort de son mari, Mme de Beaucorps prit le parti de se retirer à Blois, près de sa belle-mère, laissant son fils et sa fille continuer son œuvre à la Chesnaie. Lorsqu'elle eut fermé les yeux à cette vénérable aïeule, pour laquelle elle fut une fille très dévouée, elle fit construire au monastère du Refuge une maison de retraite où elle se fixa pour le reste de ses jours, elle s'y adonna plus que jamais à la prière et à toutes les bonnes œuvres de la ville de Blois.

Une vie si édifiante devait se couronner par une sainte mort. Deux religieuses de la communauté du Refuge étant venues à mourir à peu d'intervalle, Mme de Beaucorps pria la Sainte Vierge, par l'entremise de l'une d'elles, de l'appeler sans retard dans le sein de Dieu. Sa prière fut vite exaucée. Atteinte depuis quelques jours de la maladie qui devait la conduire au tombeau, elle fut plus souffrante dans la journée du 15 avril 1886. Elle reçut l'extrême-onction et le lendemain la communion dans des sentiments de fervente piété et expira peu après, entourée de ses enfants, restant maîtresse d'elle-même jusqu'au dernier moment. Ses obsèques, qu'elle voulut très simples, attirèrent une foule

(277) *Notice nécrologique sur le marquis Edouard de B. Semaine religieuse de Blois*, 27 mai 1876.

immense de toutes les classes de la société, qui accompagna sa dépouille mortelle de la chapelle du Refuge à l'église de Chailles où la population entière attendait sa bienfaitrice. L'évêque de Blois, qui lui avait apporté sa bénédiction à ses derniers moments, voulut être présent à la triste cérémonie (278).

Le Marquis Robert de Beaucorps.

Elevé par des parents admirables, et doué de dons naturels exceptionnels, Robert de Beaucorps fut un homme accompli, un de ces hommes qui exercent autour d'eux une puissante attraction et laissent un souvenir durable. Sa trop courte vie fut à tout point de vue exemplaire.

Ses goûts, autant que ses traditions, l'attirèrent vers la carrière militaire. Après trois années de préparation à l'école Sainte-Geneviève, il fut reçu en octobre 1864 à l'école militaire de Saint-Cyr. Mais, au bout de quelques mois, en 1865, un grave accident de cheval le força à donner sa démission, pour se consacrer à ses parents déjà âgés, et il vint habiter avec eux à la Chesnaie.

En 1870 il répondit un des premiers à l'appel fait aux anciens militaires et devint capitaine au 75ᵉ mobiles recruté en Loir-et-Cher. Sa vaillante conduite lui valut la croix de la Légion d'honneur. Un de ses soldats rendra plus tard ce témoignage à sa bravoure : « Les balles sifflaient dru ; on se parait comme on pouvait, mais Monsieur Robert restait debout et ne baissait pas la tête d'un pouce. » Par son calme courage, par son dévouement à sa compagnie, il avait su inspirer à ses hommes une confiance, un attachement, un respect tels qu'ils l'auraient suivi au bout du monde. Leur affection pour leur capitaine survécut à la guerre et ils se pressaient nombreux autour de lui lors de la réunion fraternelle des anciens mobiles qui, chaque année, réunissait à Blois les « Casquettes blanches ».

La guerre terminée, Robert de Beaucorps était revenu prendre sa place au foyer familial. Peu d'années après (1876), son père fut enlevé à son affection et il se décida à fonder lui-même un nouveau foyer. En 1877 il épousait Mˡˡᵉ Marie de Gaalon, dont la famille était, comme la sienne, de noblesse chevaleresque et d'illustration ancienne ; un de ses ancêtres, le chevalier Gaalon de Montigny, avait porté, paraît-il, l'étendard de Philippe-Auguste à la bataille de Bouvines. Elle possédait près Plouër (Côtes-du-

(278) *Notice nécrologique sur la marquise Edouard de Beaucorps*, dans la *Semaine religieuse de Blois* du 1ᵉʳ mai 1886.

Nord) une propriété appelée Beauchêne qui n'était qu'à quelques lieues du vieux manoir des Beaucorps.

La marquise douairière de Beaucorps se retira à Blois, laissant au jeune ménage le château de la Chesnaie. Le nouveau châtelain ne tarda pas à acquérir dans le pays la plus légitime influence et une situation prépondérante. Les habitants de Chailles lui confièrent les fonctions de maire, ce qui lui permit, non-seulement de prendre en mains les intérêts du pays, mais d'y exercer une action sociale très féconde.

Il avait d'ailleurs tout ce qu'il fallait pour être populaire. « C'était une des figures les plus sympathiques, les plus chevaleresques du Loir-et-Cher. Cette belle physionomie si ouverte et si loyale, cet homme de haute taille et de haute mine, fort et doux, vrai et modeste, accueillant et simple, exerçait une singulière attraction. »

A ces dons extérieurs, qui le rendaient si sympathique, s'ajoutaient d'autres moyens d'influence. Sa situation de fortune lui permettait d'être large et généreux et sa qualité de grand propriétaire foncier, dont il comprenait le rôle et pratiquait consciencieusement toutes les obligations, faisait de lui une autorité sociale. Enfin l'estime universelle dont ses parents et grands-parents avaient joui dans le Blésois rejaillissait sur lui et s'ajoutait à ses mérites personnels.

La situation de chef de famille, dont il assumait toutes les responsabilités, le mettait en relations suivies avec ses nombreux parents et ces relations étaient pleines de cordialité.

De tous les dons qu'il devait à sa naissance, Robert de Beaucorps sut faire le meilleur et le plus fécond usage, grâce à son esprit de devoir, à sa fidélité aux traditions et surtout à une vie chrétienne très intense, à une foi très profonde. « Il fut toujours, dira l'évêque de Blois dans son éloge funèbre, un chrétien des anciens jours, attaché du fond de ses entrailles à la foi de ses pères, fidèle jusque dans les moindres détails à tous les commandements de Dieu et de l'Eglise. Oh ! oui, chrétien il l'était et il ne craignait pas de le paraître. Il portait le scapulaire de la Sainte Vierge ; il récitait son chapelet ; la prière, la messe, la confession, la communion étaient pour lui des pratiques familières par lesquelles il aimait à rafraîchir son âme et à la tenir élevée au-dessus des misères de ce monde. » Il aimait aussi à participer aussi souvent qu'il le pouvait aux retraites d'hommes qui se donnaient au petit séminaire de la Chapelle-Saint-Mesmin.

Sa piété n'était pas individualiste. Elle le poussait aux œuvres d'apostolat et lui inspira de prendre une part active à la fondation et à la direction d'un cercle catholique d'ouvriers à Blois. Il fut mêlé à toutes les œuvres religieuses et sociales de son temps.

Au point de vue politique, il n'eût pas toute l'influence qu'il eût été à même d'exercer si le parti royaliste, auquel il était fermement attaché, n'avait pas subi déception sur déception et échec sur échec.

Malgré tout, il resta toujours fidèle au régime qu'il croyait seul capable d'assurer le salut du pays.

Cette magnifique existence fut brisée en pleine santé, en pleine activité, à 49 ans, par un fatal accident. Le Mis de Beaucorps avait comme le pressentiment d'une mort violente, mais rien né le faisait prévoir à son entourage et ce fut un coup foudroyant. Le 16 septembre 1893 il revenait du château de Rilly, où il était allé chasser chez le Mis de Chauvelin, dans une voiture légère attelée d'un cheval un peu vif. À peu de distance de Rilly, le cheval s'emporta. M. de Beaucorps voulut descendre de voiture ; il tomba la tête sur une pierre et se tua sur le coup. On le ramena à Rilly, où il ne tarda pas à rendre le dernier soupir.

Dans sa famille, parmi ses amis, dans tout le pays, ce fut une consternation, et on vit alors combien le châtelain de la Chesnaie était aimé. Les obsèques donnèrent lieu à une manifestation aussi grandiose que touchante. On évalua à plus de 2.000 hommes la foule qui, derrière la famille, accompagna le défunt de la Chesnaie au cimetière de Chailles. A l'église, trop petite pour contenir la foule, Mgr Laborde, évêque de Blois, monta en chaire pour faire l'éloge du défunt et consoler les siens, en montrant combien sa vie avait été exemplaire et digne de l'éternelle récompense. Le souvenir de cet homme accompli, si bon, si généreux, est resté bien vivant dans le Blésois et parmi ceux qui l'ont connu.

Le Comte Eugène de Beaucorps.

S'étant engagé dans la cavalerie comme son père, il devint officier au 1er Chasseurs à cheval ; comme lui aussi il sacrifia en 1830 sa carrière à ses principes légitimistes. Il était prêt à leur sacrifier sa vie même en prenant une part active au soulèvement de la Vendée. Le mouvement ayant échoué, il assuma la lourde responsabilité de guider dans sa fuite Louis de la Rochejacquelein, condamné à mort par contumace pour avoir pris part à l'insurrection. En partant du Blésois pour aller le rejoindre, il avait dressé l'itinéraire du retour au château de Saint-Denis, notant les châteaux où ils pourraient coucher chez des gens dévoués à leur cause ; il leur fit visite en allant, afin que tout fût préparé pour éviter des surprises. Après bien des difficultés, il arriva chez O'Riordan, au château de la Tremblaye, où Louis de la Rochejacquelein se tenait caché depuis quelque temps. Ils partirent tous deux pour les étapes préparées à l'avance, accompagnés de guides sûrs et ne voyageant que la nuit. Ils arrivèrent ainsi au château de Saint-Denis, près Blois, où Louis de la Rochejacquelein séjourna plusieurs mois, allant parfois dans d'autres châteaux du voisinage pour dépister la police.

Il épousa le 6 août 1839 Eugénie de *Gyvès*, qui appartenait à une ancienne famille de l'Orléanais et du pays Chartrain. Elle mourut à Orléans, le 20 avril 1850, sans avoir eu d'enfants. Son mari est décédé au château de Collier, près de Mer (Loir-et-Cher), le 3 juin 1870.

Le Comte Albert et le Comte Geoffroy de Beaucorps.

Né en octobre 1810, Albert de Beaucorps épousa le 30 avril 1839 Euphémie de Gyvès, dont la sœur devait épouser quelques mois après son frère Eugène. Il en eut une fille, *Berthe*, née le 24 août 1840, qui se maria en 1860 avec Amable de *Gélis*, châtelain de Colliers, et un fils Geoffroy. Il mourut des suites d'un accident au château des Murblins, près Cour-Cheverny, le 21 juillet 1874.

De même que ses frères c'était un chasseur intrépide. Son fils Geoffroy, né le 17 octobre 1844, eut une brillante conduite pendant la guerre de 1870-71, comme lieutenant de mobiles du Loir-et-Cher, en particulier à la bataille de Loigny (2 décembre 1870).
« Dès le matin, il remplaçait, à la tête de la 4ᵉ compagnie du
« 2ᵉ bataillon, son capitaine blessé mortellement le 1ᵉʳ décembre.
« Il chevauche à 50 mètres de ses hommes et les excite par sa
« noble bravoure. Revêtu d'un caoutchouc blanc, il commande
« la charge à la baïonnette, sous le feu de l'ennemi. Ses hommes
« le suivent avec une admirable vigueur, mais il est atteint de
« deux balles, l'une à la jambe, l'autre à la tête. La couleur de
« son vêtement en avait fait un point de mire. Il descend de
« cheval et parvient, malgré ses blessures, à diriger la retraite
« de sa compagnie sur Loigny où il s'établit avec le 37ᵉ de ligne.
« Ils se défendent, courant de maison en maison, et de grenier
« en grenier, pour épuiser leurs dernières cartouches.
« Les Bavarois les couvrent de mitraille et donnent l'assaut à
« leur dernier refuge. Hélas ! une journée de combats, d'atta-
« ques et de poursuites a épuisé leurs cartouchières, mais ils ont
« la baïonnette, l'arme française si terrible en leurs mains dé-

« sespérées. Et sous le feu violent d'un ennemi supérieur en
« nombre et exaspéré par cette résistance énergique, ils tiennent
« toujours, attendant un second retour offensif de l'armée fran-
« çaise. Mais l'armée française est battue et personne ne renou-
« vellera la charge des Zouaves Pontificaux. Le bruit de la ba-
« taille s'éloigne, personne ne revient. Le village brûle, il faut
« se rendre. Pris par l'ennemi, Geoffroy de Beaucorps, malgré
« ses blessures, fut dirigé sur l'Allemagne avec une colonne de
« prisonniers. Garder un tel soldat n'était pas chose facile. Il
« prépara son évasion et risqua de nouveau sa vie pour recouvrer
« sa liberté. Il réussit à s'échapper. » (279). Il vint à Blois, voir
sa grand'mère, rejoignit ses camarades qui le croyaient perdu,
et fut, par la suite, nommé chevalier de la Légion d'honneur.

Il vécut, dès lors, presque constamment au château des Murblins, près de Cour-Cheverny (280), où il menait une existence
très simple, consacrée à ses devoirs de famille, aux bonnes œuvres
et à la population dont il avait su gagner l'estime et l'affection
par ses rares qualités de droiture et de bonté. Longtemps conseiller municipal et adjoint à Cour-Cheverny, il y fonda et soutint
une école libre de garçons pour laquelle il fit de gros sacrifices.
Lui qui aimait beaucoup les chevaux, étant un cavalier accompli,
il en arriva à sacrifier ce luxe qui lui était cher pour pouvoir
donner davantage aux œuvres.

Il mourut à Paris, le 23 janvier 1894, après de cruelles souf-
frances, laissant d'unanimes regrets. Ceux qui l'ont connu ne
peuvent oublier cette belle figure encadrée de barbe blanche, aux
traits d'une rare distinction, au regard énergique et loyal.

Il avait épousé en 1879 Marie de l'Abadie d'Aydren, fille du
général ancien aide-de-camp du roi Louis-Philippe, qui avait fait
la guerre de 1870-71 comme général de division. De cette union
naquirent un fils, qui épousa sa cousine Yolande de Beaucorps,
et deux filles.

Angélique de Beaucorps (Comte de Livois).

Après de brillants services à l'armée de Condé, Angélique de
Beaucorps rentra en France et resta près de sa mère jusqu'au
mariage qu'il contracta en 1806 avec Joséphine *Hugueleau de*

---

(279) *Le 75ᵉ régiment de mobiles*, par l'abbé BLANCHARD, *aumônier du 2ᵉ
bataillon, avec le concours du Comité de la Mobile de Loir-et-Cher.*
(280) Les Murblins ont été vendus vers 1900.

Chaillé, fille de François-Gabriel, maître des eaux et forêts à Niort, et de Mlle Pastureau de Maurepas.

De fortune médiocre et de peu de santé, il vécut modestement à Niort. Son refus de servir « l'usurpateur » lui valut, sous la Restauration, la croix de Saint-Louis qui lui fut accordée par ordonnance du 26 mai 1816.

Atteint d'une hypertrophie du cœur dont rien ne put arrêter les progrès, il succomba à Niort, le 9 janvier 1827, sans postérité. Sa veuve lui survécut jusqu'au 24 octobre 1855.

Le Comte Charles de Beaucorps (281).

Rentré au pays natal après dix ans d'absence, Charles de Beaucorps se fixa près de sa mère, à Saint-Jean, et prit en mains l'administration de Parençay où il y avait bien des ruines à relever. Les partages de famille réalisés en 1804 lui en assurèrent la propriété, et sa mère lui en laissa la jouissance complète et la gestion moyennant une rente viagère. C'est dans cette vieille maison de famille qu'il fixa son foyer après son mariage avec *Anne du Vergier de la Rochejacquelein*.

Cette union assortie rapprochait deux familles bien faites pour se comprendre. Avant la Révolution les Beaucorps et les la Rochejacquelein se traitaient de parents, sans doute à cause de leur alliance commune avec les du Fay. De part et d'autres, mêmes traditions politiques et religieuses, mêmes habitudes terriennes. Anne était la troisième des sept enfants du Mis de la Rochejacquelein, ancien colonel du Royal-Pologne, promu maréchal-de-camp à la veille de la Révolution, et de Louise-Bonne de Caumont d'Ade. Elle avait accompagné ses parents en émigration en Angleterre et, durant l'absence de ceux-ci, partis pour Saint-Domingue où ils avaient d'importantes propriétés, elle s'occupa de ses deux plus jeunes sœurs et de son frère Auguste avec une sollicitude maternelle. Après la mort de sa mère, décédée à Saint-Domingue en 1797, elle s'embarqua avec sa sœur Louise pour la Jamaïque, où son père s'était retiré, chassé de son habitation et privé de ses revenus par la Révolution. Elles y vécurent pendant plusieurs années du fruit de leur travail. La mort de leur père, la perte définitive de leur belle habitation du Baconnais les déci-

(281) Les détails qui suivent sur le comte et la comtesse Charles de Beaucorps sont empruntés aux souvenirs laissés par leurs fils Henry et Octave, et leur petite-fille Octavie, comtesse de Troguindy, ainsi qu'aux correspondances et papiers de famille conservés par le vicomte Henry de Beaucorps.

dèrent à rentrer en France en 1803. Les épreuves subies durant ce long exil, les initiatives qu'elle avait dû prendre avaient donné à Anne de la Rochejacquelein une grande maturité d'esprit et une forte trempe de caractère.

Le mariage fut célébré à Saint-Aubin-de-Baubigné le 5 novembre 1804. Le ménage s'installa ensuite à Parençay. La maison se trouvait dans le délabrement le plus complet ; ses meubles brisés, sans même de chaises pour s'asseoir. Il y menait l'existence modeste de gentilshommes à demi-ruinés.

Malgré sa grande pénurie de fortune, Charles de Beaucorps, inflexible dans ses principes, ne voulut prendre aucun service ni accepter aucun poste dépendant du gouvernement de l'Empire, il consentit seulement à remplir les fonctions de maire de sa commune de Bernay. Cet isolement, cette existence médiocre étaient peu en rapport avec son caractère sociable, sa culture d'esprit et sa distinction naturelle qui lui auraient permis de faire bonne figure dans le monde. Comme il était très pieux, il acceptait cette situation, en estimant la religion plus nécessaire au bonheur que la fortune.

La principale occupation du châtelain de Parençay était la direction de son faire-valoir et la gestion de sa propriété. Sa femme, très active, et douée d'un grand sens pratique, veillait assidument au ménage et à la cuisine, s'occupait du personnel.

Mme de Beaucorps possédait des biens en Vendée, près de la Durbelière ; elle les céda en 1807 à son frère Auguste pour 120.000 francs et fit l'acquisition de la terre *du Fief*, commune de Genouillé (Charente-Inférieure), que son cousin, le Mis d'Aubigny, lui vendit pour 276.500 francs. C'était une belle terre qui avait appartenu aux XVIIe et XVIIIe siècles aux Goussé de la Rochalar, dont Mme de Beaucorps descendait par sa mère ; ces souvenirs de famille furent le principal motif de l'acquisition qui entraîna pour le ménage une lourde dette dont il porta le poids pendant bien des années. Mme de Beaucorps s'attacha beaucoup au Fief et s'y rendait souvent à cheval. Les meubles qui s'y trouvaient servirent à orner Parençay.

On devine avec quel enthousiasme Charles de Beaucorps accueillit la Restauration. Choisi pour aller à Bordeaux saluer le duc d'Angoulême, puis à Paris, complimenter le Roi sur son retour et lui porter des hommages de respect et de dévouement, il fut autorisé, le 11 août 1814, à porter la décoration du lys accordée aux fidèles serviteurs de la monarchie.

Le nouveau gouvernement rendit à la noblesse ses titres et son influence. Le Vte Charles de Beaucorps fut nommé en 1815 et 1816 président du corps électoral de Saint-Jean-d'Angély. Un arrêté du préfet du 27 mai 1816 lui confia à nouveau la mairie de Bernay. Il fut créé, le 12 mars 1817, chevalier de Saint-Louis et, en vertu d'une décision royale du 21 septembre 1824, autorisé à porter la décoration de chevalier de Malte qui consistait en une croix d'or émaillée de blanc, supportée par un ruban noir.

En même temps qu'on rendait à la noblesse son prestige, on s'attachait à réparer dans une certaine mesure les injustices et les spoliations dont elle avait été victime. Charles de Beaucorps obtint, en 1817, une pension de 700 francs comme ancien chevalier de Malte en vertu d'une clause de la capitulation passée entre le grand-maître de l'Ordre et le général en chef de l'armée française (282). Il eut aussi sa part, ainsi que nous l'avons vu, dans l'indemnité dite du milliard des émigrés.

Ces faibles dédommagements, d'ailleurs tardifs, ne permettaient pas aux familles plus ou moins ruinées par la Révolution de vivre suivant leur rang. Beaucoup prirent des grades dans l'armée, entrèrent dans les maisons du Roi ou des princes, acceptèrent des places dans l'administration. M. de Beaucorps, ayant à pourvoir à l'éducation de ses cinq enfants, chercha à obtenir une préfecture. Mme de Donissan, mère de sa belle-sœur, la M^{ise} de la Rochejacquelein, arracha en 1816 à Louis XVIII une promesse formelle, mais qui demeura sans effet. Assailli d'une multitude de requêtes, le gouvernement promettait plus qu'il ne pouvait tenir. Pensant qu'on objectait à sa demande son peu de connaissance administrative, le Vte de Beaucorps sollicita une sous-préfecture ou un secrétariat-général. On le nomma, le 23 avril 1823, secrétaire-général des Deux-Sèvres. Il vint donc s'intaller à Niort avec sa famille. La M^{ise} de la Rochejacquelein usait de son influence, qui était grande, en faveur de son beau-frère. « Il faut espérer, écrivait-elle le 31 janvier 1824, qu'on va mieux traiter les royalistes. Je vous avoue que, pour une préfecture d'emblée, elle me paraît comme impossible, mais une sous-préfecture vaudrait toujours mieux et donnerait plus d'acheminement à une préfecture. Ce qu'il y a de bien sûr c'est, qu'en nous accablant de compliments, et en faisant pour nous une multitude de petites bêtises de rien, on nous refuse constamment les choses un peu importantes. »

Malgré son peu de préparation, M. de Beaucorps s'acquitta fort bien de ses fonctions de secrétaire-général. En 1827, durant une longue absence de M. de Roussy, il remplit les fonctions de

___

(282) Il cessa de toucher cette pension lorsqu'il fut nommé secrétaire-général des Deux-Sèvres, ne pouvant la cumuler avec son traitement. En 1830, il demanda qu'elle fut rétablie.

préfet. Comme celui-ci désirait quitter Niort et aussi avoir de l'avancement, M. de Villèle fit espérer à Mme de Beaucorps, qui sollicitait en faveur de son mari, la préfecture des Deux-Sèvres. Mais la situation du ministre était alors bien compromise. Durant tout le mois de décembre qu'elle passa à Paris, Mme de Beaucorps ne cessa de travailler pour l'avancement de son mari. Celui-ci lui conseilla de se faire conduire chez le Roi, par son frère le général Auguste, ou près de la Dauphine, par la Ctesse Auguste, très bien en cour. Cette dernière audience fut obtenue. La duchesse d'Angoulême reçut la sœur de la Rochejacquelein avec toute la bonté imaginable et l'air triste qui lui était habituel, mais elle lui déclara ne pouvoir se mêler de l'affaire qui l'amenait à Paris. Tous ces déboires étaient acceptés de part et d'autre avec une grande résignation (283).

En janvier 1828, à l'occasion du changement de ministère, M. de Beaucorps songea à donner sa démission ; son beau-frère Auguste de la Rochejacquelein l'en dissuada et sollicita de Martignac la préfecture des Deux-Sèvres. On parla aussi de la sous-préfecture de Bressuire. En avril 1828 M. de Beaumont fut nommé préfet des Deux-Sèvres et M. de Beaucorps resta secrétaire-général.

Malgré sa situation importante, il menait à Niort une existence très simple, et préférait la vie de famille à la vie mondaine. En 1828, il écrivait à sa femme : « Les plaisirs sont multipliés à « l'infini à Niort ; on ne parle que de diners, déjeuners, bals... « Il n'y a que nous qui restons chez nous. Nous sommes si heu-« reux ensemble que difficilement nous trouverions autant de « bonheur ailleurs que chez nous. »

Tandis que M. de Beaucorps était retenu à Niort par ses fonctions, sa femme allait souvent à Parençay s'occuper de cette propriété et de celle du Fief.

C'était une femme très active et d'une remarquable énergie, qualité qu'elle tenait de sa race où les femmes étaient aussi vaillantes que les hommes, et que les circonstances de la vie avaient développée. Sous l'empire elle n'avait pas craint d'aller trouver le préfet des Deux-Sèvres pour protester contre la mesure prise à l'égard de sa tante, Mlle Anne de la Rochejacquelein, envoyée en exil à Grenoble, et d'écrire sous ses yeux à l'empereur. Plus tard, sous la Restauration, ayant appris que son frère Auguste devait être arrêté comme complice d'un complot contre Decazes, elle

(283) Voir la correspondance très active échangée entre M. et Mme de Beaucorps durant le séjour de celle-ci à Paris (déc. 1827-janv. 1828). — Arch. du vicomte Henry de Beaucorps.

partit à cheval de Parençay et se rendit d'une traite à Saint-Aubin pour le prévenir (284).

Un autre trait de cet esprit de décision nous est rapporté par son fils Octave. Vers la fin du règne de Charles X, ayant eu connaissance d'une manière positive d'un complot tramé contre le Roi, elle partit de Niort pour Paris, se présenta aux Tuileries comme sœur des généraux Vendéens, obtint d'être introduite auprès de Charles X auquel elle montra les preuves d'une conspiration contre sa vie ; et comme le malheureux souverain lui disait qu'il en avait fait le sacrifice, elle lui répliqua : « Sire, avez-« vous bien le droit de sacrifier en même temps la vie de vos « plus fidèles serviteurs qui sont prêts à verser leur sang pour « vous maintenir sur le trône ? » Elle prit congé du Roi, déplorant sa faiblesse qui devait bientôt aboutir à la catastrophe de 1830.

Lorsque cette révolution éclata, le Vte de Beaucorps venait d'obtenir, par le crédit de la Ctesse de la Rochejacquelein, la préfecture de la Charente, mais il était encore en fonctions à Niort. Il se tira alors avec beaucoup de présence d'esprit d'une situation délicate. Le Cte Henry de Beaucorps nous a laissé le récit de ces événements. « Le préfet de Niort, M. de Beaumont (Armand), voyant « qu'on cherchait à lui faire un mauvais parti, cherchait un « prétexte pour quitter la ville. Un des chefs républicains les « plus avancés, Desessart, entra à la préfecture le sabre à la « main. La cuisinière du préfet, grande et forte fille, dévouée à « son maître, lui barra le chemin en le menaçant de son grand « couteau de cuisine. Elle finit par mettre Desessart à la porte « et força son maître à prendre ses vêtements et à sortir par une « porte de derrière pour se soustraire aux forcenés que ce scé-« lérat était allé chercher. Lorsqu'ils arrivèrent à la préfecture, « M. de Beaumont venait d'en partir. Il avait envoyé à mon père, « par sa fidèle servante, la délégation de l'autorité qu'il remet-« tait entre ses mains. Une commission qui s'était installée à « la préfecture fit appeler mon père par un gendarme en pleine « nuit. Il trouva à la préfecture un des conseillers, M. d'Alberit, « mandé comme lui. Le grand Desessart, un des chefs de la com-« mission, voulait le faire partir et lui offrit un passeport pour « se rendre chez lui. La commission toute entière le supplia de « ne pas abandonner la ville puisqu'il avait seul en mains l'au-« torité administrative. Mon père resta deux jours en perma-« nence près de la salle du conseil. Ces messieurs furent très « polis pour lui et le remercièrent de son dévouement. Le colonel

(284) Souvenirs du comte Henry de Beaucorps.

« Joly, du 9ᵉ Cuirassiers, ayant annoncé qu'il allait quitter Niort
« pour obéir aux ordres du général de l'Epinois, qui commandait
« à Nantes, la commission déclara s'opposer au départ du régi-
« ment. Mon père dit à ces messieurs : « J'ai été militaire et
« je vous ferai observer que le colonel s'expose à être fusillé s'il
« n'obéit pas aux ordres de son général. Je propose donc au
« colonel et à la commission de marcher à la tête du régiment
« jusqu'au sortir de la ville. » Desessart s'empressa aussitôt de
« faire sonner le tocsin et de faire crier partout de fermer les
« portes de la ville. La foule envahit la préfecture en hurlant :
« Le régiment ne partira pas. » Il ne partit pas en effet et le soir
« on apprit par une estaffette que Louis-Philippe d'Orléans était
« nommé lieutenant-général du Royaume. Mon père dit alors à
« la commission que, n'ayant plus de pouvoir, et rien à faire à
« Niort, il demandait un passeport pour lui et son fils. Le len-
« demain nous étions à Parençay. »

La Révolution de 1830 fut un désastre pour la famille. Ne voulant pas prêter serment au nouveau gouvernement, le Vᵗᵉ de Beaucorps donna sa démission de préfet de la Charente. Son fils aîné,
officier des eaux-et-forêts, renonça à sa carrière pour la même
raison, et le cadet abandonna son projet d'entrer dans l'administration. Tous revinrent à Parençay mener une existence assez
retirée et peu confortable, sans autre occupation que la gestion
des propriétés de famille. Tandis que Octave s'attachait à l'administration du Fief, Henri trouvait quelque emploi à son activité
dans la terre de Saint-Martin, acquise par ses parents en 1841
pour lui procurer une occupation agricole. Cette acquisition ne
fut pas une opération lucrative ; il fallut emprunter une somme
de 100.000 francs dont les intérêts n'étaient pas en rapport avec
le revenu de la propriété.

La terre de Parençay ne donnait pas un gros revenu. Le faire-
valoir coûtait fort cher avec ses nombreux domestiques qui faisaient beaucoup de dépenses, couraient les foires sans vendre les
produits. Les vignes produisaient une excellente eau-de-vie, mais
on ne trouvait pas toujours à la vendre à un prix rémunérateur ;
elle s'amassait dans les chais constituant une valeur improduc-
tive.

L'existence de Parençay manquait de confortable, fort loin
des ressources. Il fallait envoyer un homme à cheval ou en voiture chercher les provisions à Saint-Jean ou à Surgères, par des
chemins si mauvais que deux chevaux étaient nécessaires pour
tirer la calèche ; si l'un ou l'autre se trouvait occupé on en était
réduit à atteler des bœufs. Le châtelain de Parençay disait souvent qu'il n'y avait sans doute plus que lui en France à user

de ce moyen de locomotion. Sa belle-fille Mathilde aimait à rappeler, sur la fin de sa vie, le temps où elle se rendait à la messe à Bernay dans une splendide berline de gala à ressorts et boucles dorés qui pouvait contenir au moins dix personnes, et que traînaient six grands bœufs. Les voyages à Saint-Jean, au Fief, en voiture à bœufs, étaient de véritables expéditions.

La douce intimité, la joyeuse cordialité qui régnaient entre les habitants de Parençay ne leur faisaient pas regretter les plaisirs mondains dont ils étaient privés. Et puis on y recevait souvent des parents, des amis : les du Fay, Auguste et Adolphe de Beaucorps, les Roumefort, Auguste de la Rochejacquelein, qui venait au moins une fois par an voir « sa petite maman ». C'est ainsi qu'il appelait sa sœur, Mme de Beaucorps (Anne de la Rochejacquelein), qui lui avait servi de mère en Angleterre. Les arrivants trouvaient bon accueil et table ouverte, un menu copieux, mais sans aucune recherche ni élégance. On était souvent 18 ou 20 personnes à table ; le maître de maison tenait son rôle avec beaucoup de distinction et de gaieté.

M. de Beaucorps était d'une grande piété. Il commençait ordinairement sa journée en allant à pied par des chemins affreux entendre la messe à Bernay ; il y communiait plusieurs fois par semaine. Il aimait la lecture et son passe-temps favori était de se livrer à des calculs de mathématiques et d'algèbre.

Sa femme avait aussi une piété éclairée et agissante. Comme elle ne pouvait, en raison de l'éloignement, aller souvent à l'église, son mari avait demandé à l'évêque de la Rochelle, Mgr Villecour, la permission d'avoir une chapelle à Parençay ; il refusa, ce qu'on lui pardonna difficilement. L'exercice de la charité tenait une grande place dans cette existence : elle faisait le catéchisme aux enfants du village de Parençay, éloigné du bourg, visitait les malades et leur portait du bouillon, des confitures et autres provisions, cherchait à moraliser ses domestiques, leur faisait parfois, ainsi qu'à son mari, des lectures de piété. Tout cela sans préjudice de ses devoirs de maîtresse de maison qui étaient lourds, car il y avait beaucoup de domestiques. Levée de bonne heure, elle veillait à tout et supportait les fatigues de sa tâche avec une parfaite égalité d'humeur.

Les relations des châtelains avec les gens du pays étaient cordiales. Ils trouvaient bon accueil au château et une place à la table de la cuisine. Quand il y avait une noce, on venait souvent danser au château.

Le comte et la comtesse de Beaucorps avaient eu cinq enfants :

1° *Constance,* née en 1805. Sa tante la Mme de la Rochejacquelein la fit admettre, ainsi que sa sœur Caroline, à la maison royale de Saint-Denis ; sa santé ne lui permit pas d'y entrer et elle fut placée par les soins de la Ctesse de la Rochejacquelein au couvent des Anglaises à Paris. Cet établissement jouissait d'une grande vogue (les filles du duc de Berry y furent élevées) mais il était fort mal tenu ; il y eut même des enlèvements. Constance y resta trois ans, puis elle en passa deux chez sa tante Auguste de la Rochejacquelein qui voulut lui faire épouser M. de Guerrande. Ce parti ne plut pas à son père, à cause de la naissance ; il reprit sa fille et lui fit épouser, le 24 juin 1832, Eugène *des Bordes de Jansac*, fils de Charles et de Joséphine Lepelletier. Les Jansac habitaient Saint-Fraigne (canton d'Aigre, Charente), mais Constance venait souvent à Parençay. Elle avait hérité de toutes les vertus de sa mère ; son activité était infassable et son égalité d'humeur inaltérable. Elle était pleine d'attentions et de complaisance pour son mari souvent souffrant. Elle eut 6 enfants dont trois filles qui moururent en bas âge ; une autre, Caroline, qui fut religieuse de Saint-Vincent-de-Paul et deux fils, Auguste et Henri. Elle mourut à Saint-Fraigne le 7 juin 1867 ; son mari lui survécut jusqu'au 26 mai 1873.

2° *Henri*, dont nous parlerons plus loin.

3° *Caroline*, née à Parençay le 9 septembre 1807. Grâce aux démarches de sa tante la M^{ise} de la Rochejacquelein, elle fut admise en 1817 comme élève gratuite à la maison royale de Saint-Denis, qui élevait gratuitement 400 filles de membres des ordres royaux hors d'état de pourvoir à leur éducation, et 100 autres filles, sœurs, nièces ou cousines de membres des ordres royaux moyennant une pension de 1.000 livres. Son éducation terminée elle revint à Parençay, mais elle mourut en août ou septembre 1831, et fut inhumée à Bernay.

4° *Octave*, dont il sera question ci-après.

5° *Evelina*, née le 23 février 1813. Elle avait une trentaine d'années lorsqu'elle se sentit irrésistiblement attirée vers la vie religieuse. Son père, qui avait pour elle une vive affection, ainsi que sa mère, luttèrent contre une vocation qui paraissait inconciliable avec sa faible santé, et contre une séparation à laquelle ils ne pouvaient se résoudre. Rien ne put vaincre sa résolution. Elle entra en juin 1843 aux Bénédictines de Saint-Jean-d'Angely. Malgré sa grande piété, son père faillit en mourir de chagrin et resta plusieurs heures sans connaissance. Sœur Sainte-Eustelle mérita la vénération et l'affection de sa communauté dont elle fut quelque temps sous-prieure. Elle mourut saintement le 1er août 1863.

Le comte Charles de Beaucorps mourut à Parençay en juin 1850. Sa femme ne tarda pas à le rejoindre, le 23 mai 1852. De leur vivant ils avaient disposé de leurs biens par un partage anticipé, réalisé le 28 janvier 1848, moyennant une rente viagère. Ce partage comprenait les trois propriétés :

du Fief estimé.	303.500
de Saint-Martin.	200.000
de Parençay.	314.700
et 366 hectolitres 1/2 d'eau-de-vie de différents âges estimées.	50.000
soit un actif de	868.200
dont il y avait à déduire un passif de	313.000
Restait comme actif net	555.200

Henri eut la terre de Saint-Martin, le château de Parençay, ainsi que le moulin et quelques autres dépendances ; Octave la majeure partie du Fief ; Mme de Jansac des dépendances de Parençay, la métairie du Courdeau, le marais de Machecoult ; enfin Sœur Sainte-Eustelle des biens détachés du Fief et de Parençay qu'elle céda immédiatement à ses frères et sœurs, moyennant une pension viagère.

Peu après la mort de son mari Mme de Beaucorps avait pris des dispositions relativement à ses meubles et à certains arrangements de fortune. Elle les terminait par ces suprêmes recommandations : « Je prie mes chers enfants de rester toujours unis, de « s'entr'aider dans toutes les circonstances de la vie ; c'est l'union « de la famille qui en fait la force et le bonheur. »

Le Comte Henri de Beaucorps.

Il naquit à Parençay le 7 juillet 1806.

A l'âge de 12 ans il entra ainsi que son frère Octave au collège royal de Senlis. Cet établissement dirigé par les Bénédictins de Saint-Maur était réservé aux enfants des chevaliers de Saint-Louis et du mérite militaire ; c'était un des meilleurs collèges de l'époque. Henri et Octave y restèrent trois ans, de 1818 à 1821, sans presque voir leurs parents. A l'époque des vacances, le comte de Kergorlay venait les chercher et les conduisait à son château de Fosseuse ; il avait connu leur père à l'armée de Condé et sa femme, née la Luzerne, nièce du célèbre Malesherbes, avait été en pension à Poitiers avec leur mère et l'avait retrouvée ensuite pendant l'émigration à la pension de Hampstead. Dans cette famille patriarcale les deux frères trouvaient des modèles de bonté, de grâce, d'amabilité, d'application au travail.

Après leur sortie de Senlis, ils continuèrent leurs études au petit séminaire de Saint-Jean-d'Angély. Lorsqu'elles furent achevées, Henry se prépara à entrer dans l'administration des eaux-et-forêts. En 1827, son père, alors secrétaire-général des Deux-Sèvres, fit des démarches pour le faire attacher au conservateur de Niort. C'est en Blésois, à Montrichard, qu'il commença sa carrière. On raconte que le jour où il entra en fonctions il fit 18 procès ; mais les gens le connurent bientôt et ils se prévenaient d'un bout à l'autre de la forêt par leurs cris.

Après la révolution de 1830, Henri de Beaucorps différa, tant qu'il put, de prêter serment au nouveau gouvernement ; finalement, il fut mis en demeure de s'exécuter ou de quitter l'administration, et il préféra sacrifier sa carrière plutôt que de renier ses principes.

Lorsque son père eut acheté la terre de Saint-Martin, il fut chargé de l'administrer. Saint-Martin-de-la-Coudre avait appartenu au xvie siècle aux Bouchard et était passé aux Durfort de Civrac qui habitaient à Beaupréau (Maine-et-Loire). Le château était joli et agréable, et la propriété avait une contenance de 137 hectares dont la moitié environ de bois, le reste en prés et terres labourables, le tout très près de Parençay. Le comte de Beaucorps voyait souvent le marquis de Civrac ; quand il sut qu'il voulait vendre sa terre, il se laissa tenter, trouvant que cette propriété conviendrait bien à l'un de ses enfants. Cette acquisition fut réalisée le 8 novembre 1841 pour le prix de 45.000 francs.

Après l'échec de plusieurs projets matrimoniaux Henri de Beaucorps épousa, le 29 avril 1844, sa cousine Mathilde de *Beaucorps-Créquy*, qui avait été religieuse de Saint-Vincent-de-Paul. Le mariage une fois célébré à Saint-Denis, ils vinrent habiter Parençay. M. et Mme de Beaucorps trouvèrent dans leur belle-fille l'aide et l'affection dont ils avaient besoin. Elle secondait avec empressement sa belle-mère dans la tenue de la maison et la soigna avec un dévouement filial dans sa dernière maladie.

Après sa mort seulement Henri et sa femme se décidèrent à quitter Parençay, vendu ensuite à M. de la Garde. Ils achetèrent à la famille de Beauchaîne la propriété du Beignon, en Vendée, où ils habitèrent quelque temps, puis revinrent se fixer dans la vieille demeure de famille de Saint-Denis. (Le Beignon est actuellement la propriété de leur fille Yolande, comtesse Charles Aymer de la Chevalerie.) Lorsqu'ils marièrent leur fils Yvan (1884) ils lui laissèrent le château et se retirèrent dans une maison plus modeste qui en dépendait. Ils y vécurent encore de longues années, exempts des infirmités de la vieillesse, et faisant l'admiration de tous par l'étonnante conservation de leur activité et de leurs facultés. Le comte Henri de Beaucorps mourut à Saint-Denis le 20 janvier 1897, dans sa 91e année ; sa femme atteignit le même âge et fut enlevée le 14 juillet 1908 à la vénération des siens.

Ils avaient eu 5 enfants dont 3 seulement survécurent :

1° *Eveline*, née le 28 mars 1846, qui épousa le 4 février 1864 le baron Alfred de *Saint-Geniès*, fils du baron Ernest et de Eudoxie de Saint-Geniès.

2° *Yolande*, née le 18 septembre 1849, mariée le 4 novembre 1873 au comte Charles *Aymer de la Chevalerie*, fils du marquis Henri et de Caroline Moussy de la Contour.

3° *Yvan, comte de Beaucorps-Créquy*, né à Parençay le 3 décembre 1851, qui épousa le 24 avril 1884 Laura *Cannon*, fille de Robert, lieutenant-général de l'armée anglaise, et de Emma Beevor Ronald.

Le Vicomte Octave de Beaucorps.

Né à Parençay, le 5 janvier 1810, il fit son éducation d'abord au collège royal de Senlis, puis au petit séminaire de Saint-Jean-d'Angély de 1825 à 1829 ; après quoi ses parents l'envoyèrent à Paris poursuivre des études de droit en vue d'obtenir une place dans l'administration. Les événements de 1830 le détournèrent de ce projet et le ramenèrent au foyer paternel. Ses parents lui confièrent alors la gestion de la terre du Fief, pour laquelle il partageait la prédilection de sa mère. Il y avait là un faire-valoir, des prés, des vignes, plusieurs fermes qui exigeaient souvent la présence du maître. Octave s'y rendait à cheval de Parençay et y faisait de fréquents séjours.

Le mariage de leurs enfants fut pour le vicomte et la vicomtesse de Beaucorps un problème difficile à résoudre ; leurs dots étaient maigres, les fils n'avaient pas de situation. Octave était doué de remarquables qualités de cœur et d'esprit, mais il était peu expansif et détestait le monde. L'abbé Maréchal, ancien supérieur du petit séminaire de Saint-Jean avait pu constater la solidité de ses sentiments religieux, son caractère peu ouvert, hors de la famille, mais expansif avec ceux qu'il aimait, son dégoût pour la société et son amour pour la vie de famille. Sa mère, qui avait un faible pour lui, le trouvait parfait. Ce jugement était conforme à celui de sa belle-sœur la marquise de la Rochejacquelein qui lui écrivait, en 1829. « Je veux vous dire mille biens d'Octave. Il est remarquable. Il est rare d'être aussi bien. J'espère qu'il conservera ses vertus. Il promet de devenir tout ce qu'on peut désirer sur tous les points. Vous avez là un fils qui vous fera honneur et bonheur. »

Très désireuse de bien marier son neveu la M^{ise} de la Rochejacquelein proposa à ses parents, en 1836, une jeune Orléanaise, Mlle Elise *Boucher de Molandon* dont le frère faisait partie de cette phalange légitimiste qui fréquentait les salons de la Marquise et s'était dévouée, en 1832, à la défense des Vendéens poursuivis pour avoir participé à l'insurrection. La famille était d'ancienne bourgeoisie orléanaise, anoblie par Louis XVIII; la fortune était suffisante. On aurait pu opposer à ce projet la différence de milieu et de situation des familles et aussi la distance qui séparait Orléans de la Saintonge. La mère de la jeune fille, tenant absolument à garder celle-ci près d'elle, fit promettre à son futur gendre qu'elle continuerait à habiter Orléans, promesse imprudente qui devait être pour le ménage une source de difficultés. Cet obstacle levé, le mariage fut célébré, le 26 mars 1835, à Orléans.

Octave de Beaucorps, obligé d'habiter Orléans avec sa femme et sa belle-mère, s'habitua difficilement à cette existence si peu conforme à ses habitudes et à ses goûts, et l'éloignement de sa chère Saintonge et de ses parents lui fut toujours pénible. Aussi faisait-il de longs séjours à Parençay, où sa mère le retenait tant qu'elle pouvait, et sa femme ne pouvait l'y accompagner que bien rarement, tant à cause de la difficulté des voyages que pour ne pas quitter sa mère. Puis ce furent les soins de ses enfants qui la retinrent à Orléans.

La question du Fief, qui comportait un faire-valoir, un vignoble assez important, se conciliait difficilement avec une absence prolongée. M. et Mme de Beaucorps destinaient ce domaine à leur fils Octave et, en 1848, ils lui attribuèrent la propriété. Mme Boucher de Molandon pressait vivement son gendre de la vendre et d'acheter une autre terre en Orléanais. Celui-ci ne pouvait s'y résoudre. Ayant perdu sa mère en 1852, Mme Octave de Beaucorps eut plus de liberté pour accompagner son mari en Saintonge. Au moment des vendanges, surtout, la présence de la maîtresse de maison était bien utile. Il y avait 30 à 40 vendangeurs à nourrir, durant 2 à 3 semaines ; et, ce qui compliquait la chose, une partie du vignoble se trouvait si éloigné de la maison qu'il fallait porter aux vendangeurs leurs repas. La vendange finie on dansait joyeusement jusqu'à la nuit dans la cour du Fief.

Les habitants de Genouillé avaient beaucoup d'estime pour les

châtelains du Fief ; ceux-ci avaient un réel souci des intérêts
moraux et religieux du pays : ils en donnèrent la preuve en fon-
dant à leurs frais, en 1858, l'école de filles de Sainte-Elisabeth,
qui fut longtemps communale et devint, lorsque fut établie contre
le vœu des habitants une école laïque, une lourde charge qu'ils
furent seuls à supporter. Les religieuses Oblates qui tenaient cette
école faisaient du bien dans le pays ; la sœur Marie en particulier,
très experte à soigner les malades, sauva des centaines de diphté-
riques par un remède dont elle gardait le secret.

M. de Beaucorps fut conseiller municipal de Genouillé et président du conseil de fabrique.

Sa santé avait toujours été peu robuste ; aussi, ayant contracté
une bronchite en 1885 (il avait alors 75 ans), son organisme ne
put y résister ; il mourut le 12 avril à Orléans, dans sa maison
de la rue Saint-Pierre-Lentin, qu'il avait habitée presque constamment depuis 1854. Sa femme ne lui survécut que cinq mois
et succomba le 15 septembre suivant chez son frère, au château
de Reuilly (commune de Chécy, Loiret). L'un et l'autre furent
inhumés au cimetière Saint-Vincent d'Orléans, dans la chapelle
de la famille Boucher de Molandon.

Ils avaient eu cinq enfants, dont deux garçons moururent en
bas âge, l'un à trois jours, l'autre à quatre ans.

Les trois survivants furent :

1° *Octavie*, née le 3 avril 1836, mariée le 6 février 1864 au comte
Adolphe de *Troguindy*, et décédée sans postérité à Lannion le
11 février 1892.

2° *Maxime, vicomte de Beaucorps*, né à Orléans le 11 août 1840,
marié le 6 février 1872 à Thérèse *Sourdeau de Beauregard*, et décédé au château de Latingy (commune de Mardié, Loiret), le 1er
décembre 1911. Il était ancien élève de l'école des Chartes (pro-
motion de 1868), membre de la Société archéologique et historique de l'Orléanais, et a laissé six enfants actuellement vivants.

3° *Adalbert, baron de Beaucorps*, né le 31 octobre 1843. Il entra
à l'école de Saint-Cyr, en sortit sous-lieutenant d'infanterie, et
peu de temps après prit part à la guerre de 1870-71 ; il fut officier d'ordonnance du général Matha durant le siège de Paris,
poursuivit ensuite sa carrière en France et en Algérie, et donna
sa démission de capitaine en 1885. L'année suivante, 28 juin 1886,
il épousa à Anssac (Charente), Marie de *Montardy*, fille d'Edmond
et de Marie d'Hémery, qui lui donna un fils et deux filles dont
l'aînée mourut en bas âge. Il avait recueilli de la succession de
son père la terre de famille du Fief, et le château de Reuilly lui
échut en partage après la mort de son oncle Boucher de Molan-

don en 1893. C'est là qu'il est décédé le 6 septembre 1919. Il était chevalier de la Légion d'honneur.

Le Vicomte Auguste de Beaucorps et sa descendance.

Les blessures reçues par Auguste de Beaucorps à l'armée vendéenne le laissèrent infirme pour le reste de ses jours ; il avait en particulier une ankylose complète de l'articulation du genou gauche par suite de deux coups de sabre (285). Avec cela sa fortune était des plus médiocres.

Grâce à ses qualités personnelles, il épousa (1800) Mlle Julie-Thérèse *Machat de Pompadour* qui appartenait à une ancienne famille du Limousin, et possédait une propriété à la Jarlée, commune de Tonnay-Boutonne.

Durant les années de l'empire, le ménage vécut modestement soit à la Jarlée, soit au logis d'Annezay racheté en 1800 par Auguste de Beaucorps. En 1808 il fut nommé officier public d'Annezay et maire en 1810.

La Restauration de 1814 vint améliorer sa situation. Comme ancien chef vendéen il reçut la croix de Saint-Louis (1816) et le grade de capitaine à titre honorifique sans traitement ni pension (29 janvier 1817). Le titre de chevalier de Malte lui donna droit de porter la croix de Saint-Jean de Jérusalem et, le 1er août 1821, il reçut la Légion d'honneur.

A ces distinctions honorifiques s'ajouta quelque chose de plus lucratif : la place d'entreposeur de tabacs à Ruffec (2 mars 1816) qu'il échangea, en 1828, pour celle de receveur principal des droits indirects de l'arrondissement de Ruffec.

Auguste de Beaucorps décéda à la Jarlée le 20 septembre 1825, et sa veuve y mourut à son tour le 7 octobre 1854 dans sa 71e année (286).

Ils avaient eu 3 enfants :

1° *Caroline*, épousa Jean-François Bieuville de Meschinet, dont elle fut séparée de corps et de biens par jugement du 21 juin 1843.

2° *Auguste-Hilaire-Marie, vicomte de Beaucorps*, né en 1803. Il épousa, le 30 mai 1827, Antoinette de *Villedon*, d'une beauté remarquable et fut, sous la Restauration, receveur des contri-

(285) Voir certificat du 8 août 1816.

(286) La Jarlée, petite seigneurie, aujourd'hui simple ferme, commune de Saint-Crépin. Elle a été vendue par la fille d'Auguste de Beaucorps, Mme de Meschinet, au grand-père de M. Auriol Roibry, qui la possède actuellement (1925).

butions directes à Aulnay (Charente-Inférieure). Après la révolution de 1830, qui lui fit perdre sa place, il prit une part active avec son frère Adolphe à la tentative de soulèvement de la Vendée au profit du duc de Bordeaux.

D'après les souvenirs du comte Henry de Beaucorps, les deux frères partirent de Surin, près Niort, avec Théodore de la Rochebrochard, pour se rendre, sur les ordres de Louis de la Rochejacquelein, à Amaillou. Ils s'y trouvèrent réunis avec quelques centaines d'hommes sous les ordres de M. de Chièvres. Entourés par les troupes de Louis-Philippe, ils firent une trouée à travers les rangs ennemis. A ce moment Louis de la Rochejacquelein vint prévenir qu'il y avait contre-ordre de la duchesse de Berry. Il ne leur restait plus qu'à se disperser et à rentrer chez eux pour y attendre de nouvelles instructions. M. de Chièvres ne voulut pas abandonner son poste et se fit prendre par les gendarmes près d'Amaillou. Quant aux deux frères de Beaucorps ils demandèrent à leur neveu Robert, qui connaissait mieux qu'eux le pays, de les conduire ainsi que leurs amis de la Rochebrochard. Ils marchaient la nuit, se cachant durant le jour. Enfin, après des difficultés et des périls sans nombre, ils arrivèrent à Surin chez le père de Théodore de la Rochebrochard. De là Auguste rentra chez lui à Aulnay et ne fut pas inquiété. Son frère se réfugia à Béceleuf, chez sa sœur au Petit-Château, et de là à Saint-Jean-d'Angély. Il fut mandé chez le juge d'instruction, M. de Saint-Blancard, qui lui fit des questions insignifiantes, l'aidant même dans ses réponses.

Auguste mourut sans postérité en 1853. Sa veuve, qui était une des femmes les plus aimables, les plus remarquables et les plus distinguées de Niort mourut dans cette ville à 60 ans, le 26 février 1866, après une cruelle maladie qui lui fit subir un martyre de 18 mois (287).

3° *Henriette*, née en 1804, épousa le 27 janvier 1827 Laurent-Alexandre-Charles *Chebrou du Petit-Château*, veuf de Félicité Boscal de Réals. Il avait été en 1787 sous-lieutenant au Royal-Vaisseaux puis, ayant émigré, avait servi à l'armée de Condé, dans la cavalerie noble. La Restauration lui octroya le grade de lieutenant-colonel et la croix de Saint-Louis. Il mourut le 10 février 1858, et sa femme le 2 juillet 1887, à Niort. Le Petit-Château de Béceleuf (Deux-Sèvres), où ils habitaient, passa à leur neveu Geoffroy.

4° Gustave-*Adolphe*, vicomte de Beaucorps. Né en 1805, il épousa le 13 février 1833 Joséphine *Guillonnet de Merville*, et mourut

____

(287) Journal de Mlle de Beaussire.

le 31 janvier 1865 à Saint-Jean-d'Angély, laissant une fille et un fils.

a) *Caroline*, née le 10 septembre 1833, épousa le 22 juillet 1856 Charles de *Reboul*, fils d'Aristide et d'Hélène de Rechignevoisin de Guron, dont elle eut plusieurs enfants : elle est décédée le 22 décembre 1926.

b) Jean-Auguste-*Geoffroy*, *vicomte de Beaucorps*, né au Petit-Château, le 1er avril 1837, marié le 18 juin 1860 à Berthe *Arnauld de Guenyveau*, et décédé le 8 août 1893. Il a laissé trois filles et deux fils :

1° *Marie*, née le 1er octobre 1861, mariée le 26 septembre 1882 à Anselme *Harpedanne de Belleville*.

2° *Geoffroy*, *vicomte de Beaucorps*, né le 13 mars 1865, marié le 14 janvier 1899 à Yvonne *Cercler*.

3° *Louise*, née le 12 décembre 1868, religieuse de l'Assomption.

4° *Guillaume*, né le 12 décembre 1868, chef de bataillon d'infanterie en retraite.

5° *Caroline*, née le 12 août 1870, mariée le 7 janvier 1891 à Louis, *vicomte de Villedon*.

Personnages divers portant le nom de Beaucorps

DONT LA FILIATION N'A PU ÊTRE ÉTABLIE

22 avril 1507. — Gefroy de Beaucours, chev., donne quittance à Pierre Chapelu, receveur général à Paris, du subside octroyé pour les guerres du royaume de France, de 900 florins ou écus d'or pour ses gages et ceux de 58 archers à sa compagnie sous les ordres du duc de Normandie. (Sceau : Gefroy de Beaucours.) — *Inventaire des sceaux de la collection Clerembault,* t. ıı, p. 695.

Début du XVIᵉ siècle. — Jeanne de Beaucorps, femme de noble homme Guillaume Corfineau, fils de Tanguy Corfineau. (Bibl. nat., f. franç. 8313, p. 671.)

1550, 21 mars. — Jehan de Beaucorps, du diocèse d'Orléans, étudiant de l'Université, est dispensé des droits à payer à l'Université par la faveur du procureur du Roi de cette ville. — (Arch. du Loiret, série D.)

1550. — Jeanne de Beaucorps, femme d'Antoine du Broc, sgr de Saint-Lomer.

1558. — Marguerite de Beaucorps, femme de Claude du Broc, sʳ de Belessort.

1565 et 1567. — Guillaume et Asserée de Beaucorps rendent hommage au sgr de Beauvilliers pour plusieurs choses provenant de la seigneurie de leur père Geoffroy.

1568. — François de Beaucorps, éc., sgr de Saint-Martin, marié à René de Mezauges, veuve de Pierre de Prunelé, chev., sgr de la Porte de Gondreville et de Saint-Germain (décédé en 1554), est convoqué le 1ᵉʳ octobre 1568 pour le ban et l'arrière-ban du baillage de Chartres. — *Mémoires du Prieur de Mondonville,* t. v, p. 603, 618.

1622. — Jacques de Beaucorps, marié à Gabrielle de la Maslière, reçoit sommation d'Esther Garnier, veuve d'Henri de Beaucorps, d'avoir à lui payer une somme de 3.000 livres à elle léguée par son oncle Josias Bidault, éc., sgr de Maslière, décédé en 1619 (288).

Année 1631. — Jeanne de Beaucorps épouse Pierre de Trolong, sieur du Rumen, fils de François, sʳ du Rumen, et de Marguerite du Dresnay. — (Bibl. nat., f. franç. 8316, p. 640.)

8 février 1634. — Mariage d'Anne de Beaucorps, fils d'Antoine, avocat au Parlement, et de Marthe Le Jay, avec Antoine Proust, sgr de Clerembourg, docteur-gérent de l'Université de Bourges. (Généal. d'Hubert.)

Antoine de Beaucorps, demeurant à Bordeaux, épousa Marie Berrier, qui était veuve en 1700. Leur fille Suzanne épousa, vers 1675, Jean Roux, sgr de Saint-Martin, par. de Saint-Laurent-des-Hommes, juridiction de Monpont, en Périgord. Elle testa le 18 juillet 1735, étant fort âgée. L'inventaire à la suite de son décès est du 15 novembre 1740. — (Communication du comte de Saint-Saud, 1891.)

1639. — Un Beaucorps est cité dans le rôle d'une montre de 500 hommes d'armes faite dans la citadelle de la ville de Calais.

1748. — Jeanne de Beaucorps de la Bastardière inhumée en l'église de Fontenay-le-Comte le 7 mars 1748.

Une dame de Beaucorps, née de Vaugiraud, habitait les environs de Thouars en 1797. — (Communication de M. de Saint-Etienne, château de la Pélissière-Taurion, Ardèche, en 1923.)

(288) Voir BEAUCHET-FILLEAU, t. I, p. 524. Généalogie des Bidault.

ERRATUM

	au lieu de :	lire :
P. 10, l. 3,	1815	1814
16, l. 4,	monlt	moult.
25, l. 4,	Guilaume	Guillaume
25, n. 52,	Lanitvy	Lantivy
27, l. 1,	compagnon d'arme	compagnon d'armes
30, l. 8,	Amené	Amenés
30, l. 20,	Esteauville	Eteauville
32, l. 10,	Esteauville	Eteauville
34, l. 27,	grand-mère	mère
46, n. 114,	de Charente-Inférieure	de la Charente-Inférieure
49, n. 122, l. 3,	Bénédictions	Bénédictins
50, l. 14, 15 n. 127 et 128,	Fontpastour	Fompastour
50, n 127,	Verdières	Vérines
50, n. 128,	Sourigueux	Bourgneuf
51, l 32,	Méril	Merin
51, l. 34,	prés	lès
51, l. 13 et 15,	Courteneuil	Conteneuil
52, n. 137,	série I, p. 87	I, de Salles, p. 87.
52, n. 139,	I, p. 112.	I, 112.
57, l. 24 et n. 157,	Pommeray	Pommeroy.
57, l. 30,	Mallot	Mallat.
58, l. 13,	Saudre	Seudre.
61, l. 24,	guts	gats
62, l. 15,	premeir	premier
64, l 15,	Auche	Anché
66, l. 10 et 22,	Retaux	Rétauds
66, n. 188, l. 3,	Marnac Ribion	Marnac, Ribion
67, l. 6,	Pyroli	Piroly
68, dernière ligne,	Retaux	Rétauds.
69, l. 37,	persConel	personnel
71, l. 24,	Sainte-Palais	Saint-Palais
73, l. 19,	1809-1810	1309-1310
80, n. 217, l. 13,	arentait	arrentait
81, l. 15,	de Fay	du Fay
89, n. 225, l. 1,	Sigogne	Cicogne
89, n. 225, l. 3,	puis en 1909 chez Boulineau	chez Boulineau
92, l. 23 et 3,	Sigogne	Cigogne
94, l. 5,	Culaut	Culant
94, dernière ligne,	la terre	les terres
99, l. 15,	armés	armes
102, l. 14, 23 34, n. 241,	Pommeray	Pommeroy
108, l. 6,	Buranges-cavalerie	Ruranges cavalerie
119, l. 30,	1825	1823
120, l. 6,	1892	1829
128, l. 40,	Barne	Barneu

TABLE DES MATIÈRES

Pages.

INTRODUCTION   I-VII

Sources, I. — Bibliographie, VI.

CHAPITRE I

La famille de Beaucorps
Nom, noblesse, armes, titres et distinctions.   1-11

Le nom de Beaucorps, 1. — Noblesse, 1. — Armes, 5. — Titres nobiliaires, 6. — Les Beaucorps-Créquy, 8. — Distinctions honorifiques, 10.

CHAPITRE II

Les Origines bretonnes des Beaucorps.   12-28

Conquête de l'Angleterre (1066), 12. — Combat des Trente, 13. — Jean de Beaucorps en Angleterre avec Charles de Blois (1356), 19. — Les Gouyon de Beaucorps, 19. — La Seigneurie de Beaucorps, 23. — Les Beaucorps en Bretagne depuis 1350, 24. — Origines bretonnes des Beaucorps de Saintonge, 25. — Les alliances Keranrais et Tinténiac, 27.

CHAPITRE III

Les Beaucorps dans le Dunois
Seconde moitié du XVe et XVIe siècles.   29-44

Guillaume de Beaucorps, 29. — Geoffroy de Beaucorps et sa descendance (Pruneville), 34. — Guillaume II de Beaucorps et sa descendance (Eteauville), 39. — Principales seigneuries des Beaucorps dans le Dunois : Eteauville, 41. — Arraz, 42. — Pruneville, 42. — Guillonville, 43.

CHAPITRE IV

Les Beaucorps en Saintonge
XVIIe et XVIIIe siècles.   45-73

Antoine de Beaucorps, 45. — Les enfants d'Antoine de Beaucorps, 49. — Les Beaucorps de Guillonville, de la Bucherie et de l'Isleau, 53. — Les Beaucorps de la Crouillière et de l'Epineuil, 58. — Les Beaucorps de la Bastière, 60. — Le Marquis François de Beaucorps de la Bastière, 65. — Les enfants de François de Beaucorps, 68.

CHAPITRE V

*Terres et seigneuries possédées par les Beaucorps
aux XVIIe et XVIIIe siècles*   74-97

Annezay, 74. — La Grange, 76. — Cherves, 78. — La Boisselée, 80.
— La Bastière, 81. — Parençay, 85 — Cigogne, 88. — La
Bastardière, 95. — Livois et la Rochetière, 96. — Perray, 96.

CHAPITRE VI

Les Beaucorps pendant la Révolution.   98-113

Etats généraux de 1789, 98. — L'émigration; l'armée des princes ; mort de Pierre-Louis, 99. — Les Beaucorps incarcérés
à Brouage, 101. — Les Beaucorps aux armées Vendéennes,
104. — Affaire de Quiberon et expéditions royalistes, 106. —
Les Beaucorps à l'armée de Condé, 107. — Saisies des biens
des émigrés Partage révolutionnaire de 1798, 109. — Charles
de Beaucorps à Malte et en Italie, 111. — Retour des émigrés,
136.

CHAPITRE VII

Les Beaucorps au XIXe siècle   114-151

La branche aînée, 114. — Les Beaucorps de l'Epineuil, 116. —
La marquise de Beaucorps, née du Souchet, 118. — Auguste-
Ferdinand, comte de Beaucorps-Créquy, 120. — Henri-
Madeleine, marquis de Beaucorps, 123. — Alexandrine de
Beaucorps, marquise de Beaucorps. 126. — Edouard, mar-
quis de Beaucorps, 128. — Le marquis Robert de Beaucorps,
131. — Le comte Eugène de Beaucorps, 133. — Le comte
Albert et le comte Geoffroy de Beaucorps, 134. — Angélique
de Beaucorps, comte de Livois, 135. — Le comte Charles de
Beaucorps, 136. — Constance de Beaucorps (Madame de
Jansac , 143. — Le comte Henri de Beaucorps, 144. — Le
vicomte Octave de Beaucorps, 146. — Caroline et Evelina de
Beaucorps, 143. — Le vicomte Auguste de Beaucorps et ses
enfants, 149.

ANNEXE : *Personnages divers portant le nom de Beaucorps et
dont la filiation n'a pu être établie....*